Cease All Fire Now

14歳からの非戦入門

戦争とジェノサイドを即時終わらせるために

伊勢崎賢治
Isezaki Kenji

ビジネス社

はじめに　～　新冷戦下の「安全保障化」と「緩衝国家」

皆さんは、「安全保障化」という用語をご存じだろうか？

分かりやすい例を挙げよう。

新たな敵が現れた。もしくは、従来の敵が新たにこんな不穏な動きをしている。

このまま放っておけない。国家の存続の危機はすぐそこに迫っている。敵が攻めてくれば大事な家族が蹂躙《じゅうりん》される。女子どもにも容赦ない残忍な敵である。今すぐに守りを固めなければならない。

「予算がない？　緊急事態に即応する戦力の出動や戒厳令を敷く法律がない？　そんなこと言っている場合か！」

こんな言説が、権力者によってメディアを駆使して恣意《しい》的に流布され、敵への憎悪が掻《か》き立てられる。こうした事態に対処するために、普段の慣例と法規を逸脱することを一般市民が受け入れる。あるいは、敵への対処に必要な法改正を急ぐ緊急性が社会に広く共有されていく。

これが、「安全保障化」という事象である。

日本の場合だと、福利厚生の予算を削ってまでも自衛隊を増強し、基地を増設し、最新兵器を買おう、日米同盟を強化しよう、戦力を認めない現状の憲法を改正しようとなる。そういう意図を持っている普段からの政治勢力が、まさに水を得た魚《うお》になれる状況である。今の日本は明らかにこのプロセスに入っていないだろうか。

「安全保障化」とは、一般大衆に「恐怖」を植え付け、集団ヒステリアの凶行に走らせる一つの手法でもある。一例が、関東大震災朝鮮人虐殺事件である。大地震による混乱状態のなかで「朝鮮人が井戸に毒を投げ入れている」という言説が流布され、朝鮮人と目される住民が大衆の手によって大量に虐殺されたあの事件である。現代において同じことが起きれば、国際社会は確実にそれを「ジェノサイド」と見なす。日本はその歴史において、無辜《むこ》であるはずの民衆が自ら進んで手を血で染める「安全保障化」の極端な例を経験しているのだ。

いや、日本は、これから先も、他の国に比べて**大国が仕掛ける**「安全保障化」に囚《とら》われやすい国民であると言える。それは、今回のウクライナ戦争の戦場となったウクライナと同様、「緩衝国家《かんしょう》（Buffer state・バッファーステート）」という用語が当てはまる国家が日本であるからだ。

「緩衝国家」とは、地理的に敵対する大国や軍事同盟の狭間《はざま》に位置し、大国のどちらにつくかによって、その「代理戦争」の戦場となる国のことである。つまり大国の本土を無傷にとどめ、敵対する相手国を弱体化する戦争の戦場になる国々である。いわば大国のための地雷原になることである。それは大国に強制されるのではなく、「祖国のため」に自ら進んで、自発的な愛国心に駆られて、大国のための犠牲になるのだ。その「自発性」を引き出すのが、敵の「恐怖」を効果的に集団ヒステリア化させる「安全保障化」なのである。大国のなかでもアメリカは、「安全保障化」に不可欠なメディア力を誇る。世界を席巻する突出したメディア力をもつ国だ。

ウクライナと同様に典型的な「緩衝国家」である日本だが、そのウクライナにも存在しない国家の特質が、日本にはある。それは、アメリカとの異様な――たぶん世界で唯一の――関係性である。

その異様な関係性を象徴するものが、「朝鮮国連軍」という、政治家を含めてほとんどすべての日本人がもはや意識すらしない「旧冷戦」の遺物ではあるが、実際には今でも元気に実動する「ゾンビ」である。

詳述は後章に譲るが、「朝鮮国連軍」は、その名に反して、**国連がどうすることもできない**奇怪な代物である。日本はこの朝鮮国連軍と1954年に地位協定を締結している。それ以来、日米地位協定下のすべての在日米軍基地が、米軍、韓国軍を含む18カ国で構成される多国籍軍に具《ぐ》されることが可能となっている。ちなみに、日本はその多国籍軍の構成国ではない。

つまり、アメリカを中心に多国籍軍が開戦すると、開戦の意思決定に入っていないにもかかわらず、日本は自衛隊がなにもせずとも自動的に交戦国となり、北朝鮮と中国にとっての国際法上の正当な攻撃標的となるのだ。

つまり、ウクライナ戦争おいては、それがアメリカによって「安全保障化」された結果であっても、ウクライナには開戦に「自発性」があるが、日本が戦場となる朝鮮有事において、日本には、それがないのだ。

私は、2023年10月、アメリカ・ペンシルベニア州のとある安全保障研究所が主催した**「新冷戦？　戦略的競争と将来の世界秩序」**という国際シンポジウムに招かれ、アメリカ人の聴衆を前に講演した。

「新冷戦」。つまり、ウクライナ戦争を契機とする新しい冷戦構造の出現をテーマにするものだったが、朝鮮半島と日本にとって「旧冷戦」はまだ終わっていない。私は講演をこう締めくくった。

「このゾンビを倒すのを手伝ってくれませんか？　アメリカ国民である皆さんの助けが必要です。従属に慣れすぎた日本人には、微塵《みじん》も『自発性』を期待するのは無理ですので」

本書は、近年とくに顕《あら》わになった露骨な「安全保障化」と、日本人の大半が気づいていない「緩衝国家」という2つのキーワードを軸に、世界と日本の危機をどう克服するかのヒントを提示したいと思い、急きょ書き上げたものである。ぜひ、読者の忌憚《きたん》なき評価をいただきたいと願う。

2023年10月7日のハマスの〝テロ〟改め
【奇襲反撃】から4か月を経た2024年3月7日

伊勢崎賢治

「安全保障化」と「緩衝国家」――安全保障上の2つの論点

「安全保障化」とは

安全保障化（Securitization）とは、デンマークの国際政治学者オーレ・ヴェーヴァが提唱したコペンハーゲン学派（※）の主要概念の一つである。日本語では、「安全保障問題化」や「セキュリタイゼーション」と表記される。

オーレ・ヴェーヴァによれば、ある問題・事象が「これは安全保障の問題である」という社会的認知がなされることが「安全保障化」である。

それは、安全保障化を唱える人たち（アクター）による脅威の存在の訴えがあり、その脅威に対処するための非常手段が要請され、民衆（オーディエンス）がそれを受け入れるという過程をたどる。安全保障化が成立するか否かは、オーディエンスが受容するか否かで決まる。

安全保障化された問題を解決するための非常手段に関して、一般の民主的討論や科学的研究・批判が認められなくなる傾向があることを、ヴェーヴァなどが指摘している。

逆に、それまで安全保障の問題であるとされていたものが、そうでなくなるという動きは脱安全保障化（de-securitization）と呼ばれる。

安全保障化のサイクル

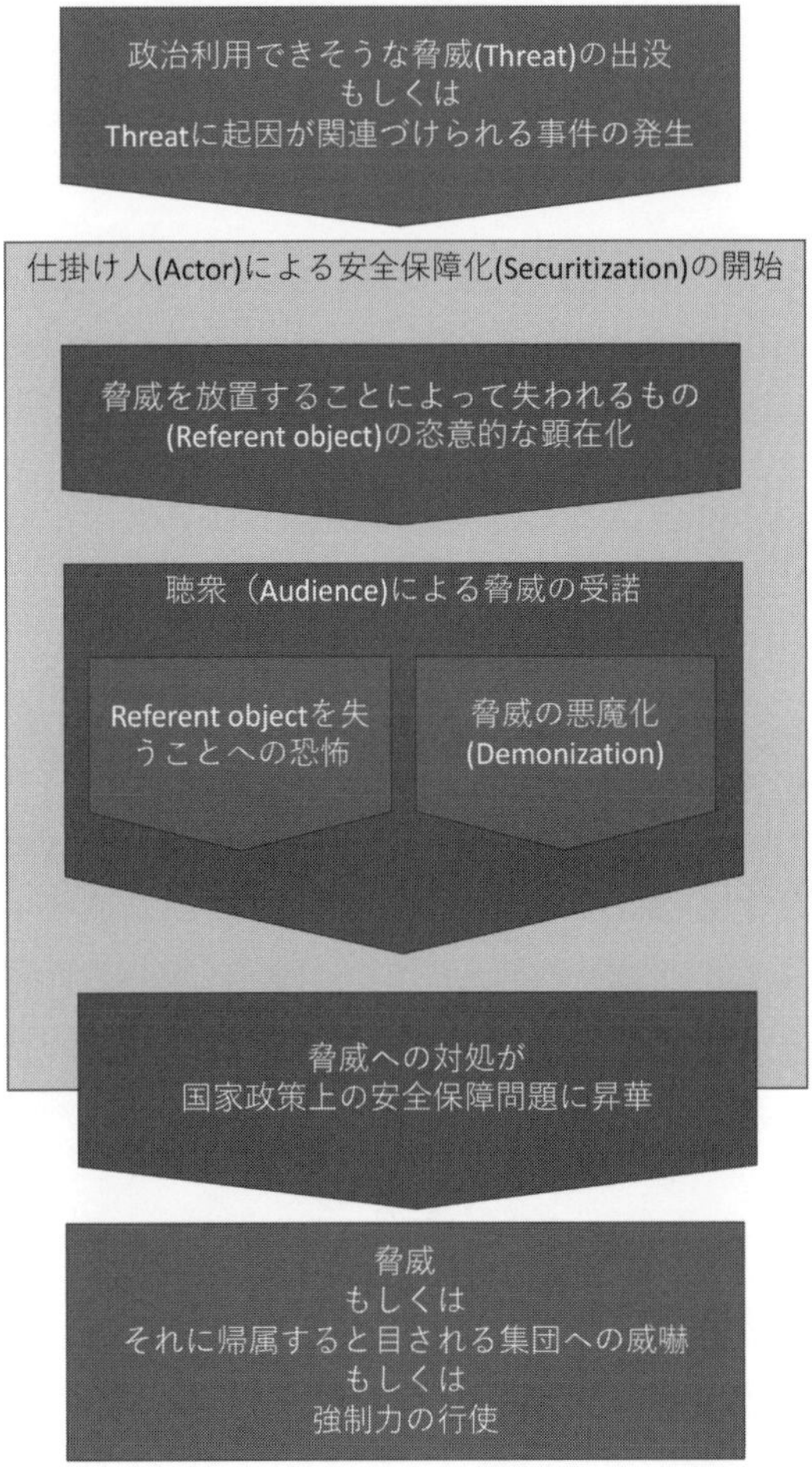

著者作成

「緩衝国家」とは

緩衝国家（Buffer State・バッファーステート）とは、敵対的な大国や軍事同盟の間に位置し、本格的な武力紛争に対する緩衝材として機能する国のことをいう。

これらの敵対的な大国のいずれも、このクッションの喪失を祖国への危険とみなしているため、そのような緩衝国は通常の国よりも軍事侵略を受けて実害を受ける可能性がはるかに高く、代理戦争の戦場になることがよくある。

代理戦争とは、敵対する大国同士が、それぞれ深く内政に関与する分断国家（緩衝国家）を舞台に、一方の国がその政府ある

ヨーロッパの緩衝国家（エストニア・ラトビア・リトアニア・ポーランド・ウクライナ）とトリップワイヤー化。

いは反政府勢力に武器を供与するなどして戦わせ、自らは血を流さず敵国を弱体化させようとする軍事的な試みである。

緩衝国家の中には、旧ソ連邦構成国だったバルト3国（エストニア、ラトビア、リトアニア）のように、独立後NATOに加入するだけでなく、みずからを「トリップワイヤー化」する国がある。

トリップワイヤー＝「仕掛け線」とは、抑止戦略論上の専門用語であり、超大国や軍事同盟が、敵国の軍事力に均衡するよりずっと小さい兵力をその敵国の間近の緩衝国家に置くこと。つまり、なるべく安上がりな軍事供与で、挑発する装置を敵国の目の前の緩衝国家に置き、有事になったらその緩衝国家を犠牲にして敵国の進軍を遅らせるという考え方である。

たとえば、ポーランドには、THAAD《サード》（高高度防衛）ミサイルが配備されている。

※　国際関係論、とりわけ安全保障研究において、社会構築主義や非軍事的側面を重視する立場をとる。

—目次　14歳からの非戦入門—

第2章 ウクライナ戦争

第3章 どうやって最速の停戦を実現させるか

第4章

親米国家日本だからこそアメリカの戦争を理解しなければならない

第5章 東アジアのウクライナ化はあるのか

第6章 朝鮮国連軍という日本の命運を支配するゾンビ

第7章 「緩衝国家」日本が生き残る道

第1章

ガザ：戦争か、ジェノサイドか

〜ガザに一刻も早い停戦を！

戦争にもルールがある！

わずかな光明であった「人道休戦」はあっけなく終わった。

2023年12月2日、7日間の休戦は、イスラエル軍によるガザ地区爆撃が再開されたことによって無惨にも終焉《しゅうえん》し、たちまち200人を超すパレスチナ人の犠牲を生んだ。正視に耐えない地獄の画像がテレビ画像やSNS上にあふれ出た。

「戦争にもルールがある！」

国連事務総長のグテレスが、悲痛な叫びとも聞こえる異例の声明を出したように、国際人道法上許されない、無辜《むこ》の一般市民だけでなく病院施設や国連関連施設への攻撃が続く。

国際人道法はいわゆる戦争犯罪を規定し戒めるものであり、イラクやアフガニスタンで悪名を轟《とどろ》かせたアメリカ軍であっても、その違反行為の発生時には、国家として遺憾《いかん》を表明し、戦闘の継続にあたって同法のさらなる遵守を宣誓するものであるが、イスラエル軍は、悪びれる仕草も見せず殺戮《さつりく》を継続している。「国際人道法を遵守しながらハマスは殲《せん》滅《めつ》できない。それがガザの〝浄化〟になっても」。ネタニヤフ政権の右派はこううそぶき、「安全保障化」のために強烈な言説空間をつくろうとしている。

そして、イスラエルを守護するアメリカは、イスラエルが犯す戦争犯罪への危惧《きぐ》は表明するが、「戦争犯罪を無視する戦争」に対して「停戦」の一言が安保理決議に挿入されることにすでに3度、拒否権を行使し、ネタニヤフ政権による「安全保障化」をきわめて直接的に補完し続けている。

アメリカだけでなく、戦争犯罪を法治しようとする国際人道法の発展を主導してきたはずの西側先進国が、第二次大戦後連綿として培われてきた国際秩序の基盤を、自らの手で破壊しようとしている。

この状況にあって、ガザに一刻も早い停戦を！　との願いを込め、以下をしたためる。

パレスチナ問題の本質は「シオニズム問題」である

一般にパレスチナ問題といわれるこの問題の本質は「シオニズム問題」だ。

シオニズム問題とは、ユダヤ民族が祖先の地パレスチナに国家を建設しようというシオニズム運動にかかわる諸問題の事。19世紀後半になってユダヤ人の国家再興の運動が高まり、テオドル・ヘルツルが力をつくした結果、1948年にイスラエル国が独立し、2000年にわたるユダヤ民族の宿願が実現した。しかし、もとから住んでいたアラブ人との間で新たな対立をひきおこし，現在でも解決がはかられていない。

シオニストのロビー活動は、その豊潤な資金力を活かし、映画業界をふくめメディアの世界にしっかり浸透し、イスラエル政府の入植政策が少しでも非難されると、即、「ユダヤ人差別」と反駁《はんばく》する言説空間を確立してきた。

その言説に不屈の正義を与えてきたのは、**「ホロコースト」**という、人類が未来永劫《えいごう》にわたって語り継がなければならない、圧倒的な負の遺産である。その被害者としての強烈な過去の経験値で、「シオニズム問題」の加害者性への批判を巧妙にかわす。これがユダヤロビーのメカニズムである。

戦後70年間、世界を席巻してきたこのメカニズムは、この戦争を契機に劇的に変わるだろう。それくらい、

パレスチナに向かう船上のテオドル・ヘルツル（1898年）。

今回、パレスチナ人が被《こうむ》った悲劇の可視化は、ガザ戦争を「ホロコースト」と同列の負の遺産として近代史に刻むであろう。パレスチナ人の血の代償と呼ぶには、あまりにも忍びないが――。

同時に、それは、アメリカをはじめ西側先進国に従来から根強く潜在する「ユダヤ人差別」に、報道されるイスラエル軍の残虐性を根拠に、新たな正当性を与えかねない。そして、さらなるヘイトクライムを誘発することが懸念される。海外にいるユダヤ人のためにも、イスラエル政府は、一刻も早く即時停戦に向けて動くべきである。

オスロ合意がもたらした束の間の平和

一方で、私には、このように世界情勢を俯瞰《ふかん》するような見方で、現在進行する【ガザ戦争】を語りたくない気持ちがある。私がまだ30代半ばだった1999年、1年間という凝縮した期間ではあるが、パレスチナに関わったからだ。ハマスが台頭する以前である。

1993年に、イスラエルを国家として、パレスチナ解放機構（PLO）を自治政府として、互いに認め合い、イスラエルが占領地域から暫定的に撤退することを同意した「オスロ合意」が結ばれてから、すでに6年が過ぎていた。

私は笹川平和財団の主任研究員として、ヨルダンのハッサン皇太子によって設立されたシンクタンク「Arab Thought Forum」と共同事業を実施すべくパレスチナに派遣されたのだ。当時は、オスロ合意に基づき、イスラエルとパレスチナ社会の相互協力を目指して「People to People」（民間レベルの交流）が謳《うた》われ、パレスチナ側とイスラエル側のNGOが共同でそれを実現する試みに、欧米からの資金援助が潤沢《じゅんたく》に注がれていた時代だった。

オスロ合意の和平協定に調印するPLO（パレスチナ解放機構）のアラファト議長（右）とイスラエルのイツハク＝ラビン首相（左）。真ん中は仲介のアメリカのクリントン大統領。1993年9月13日、ワシントンのホワイトハウスにて。

「オスロ疲れ（Oslo Fatigue）」が蔓延

だが、現場、特にパレスチナ側では、いわゆる「オスロ疲れ（Oslo Fatigue）」が蔓延《まんえん》していた。オスロ合意は結ばれたのに、「Two-State Solution：2国家共存」に向けた政治的プロセスは停滞し、パレスチナ自治区（ヨルダン川西岸地区）では、入植行為、つまりイスラエル人によるパレスチナ人の土地収奪が加速していたからだ。

パレスチナ側のNGOがやっていたイスラエル人入植地のウォッチング（監視活動）に付き添ったことがある。丘を埋め尽くすようにリゾート住宅のようなコロニー群ができあがっていた。日が沈むのを待って遠距離から双眼鏡で監視するのだが、完成から相当の時間が経っているはずの家屋で灯《あか》りがつく

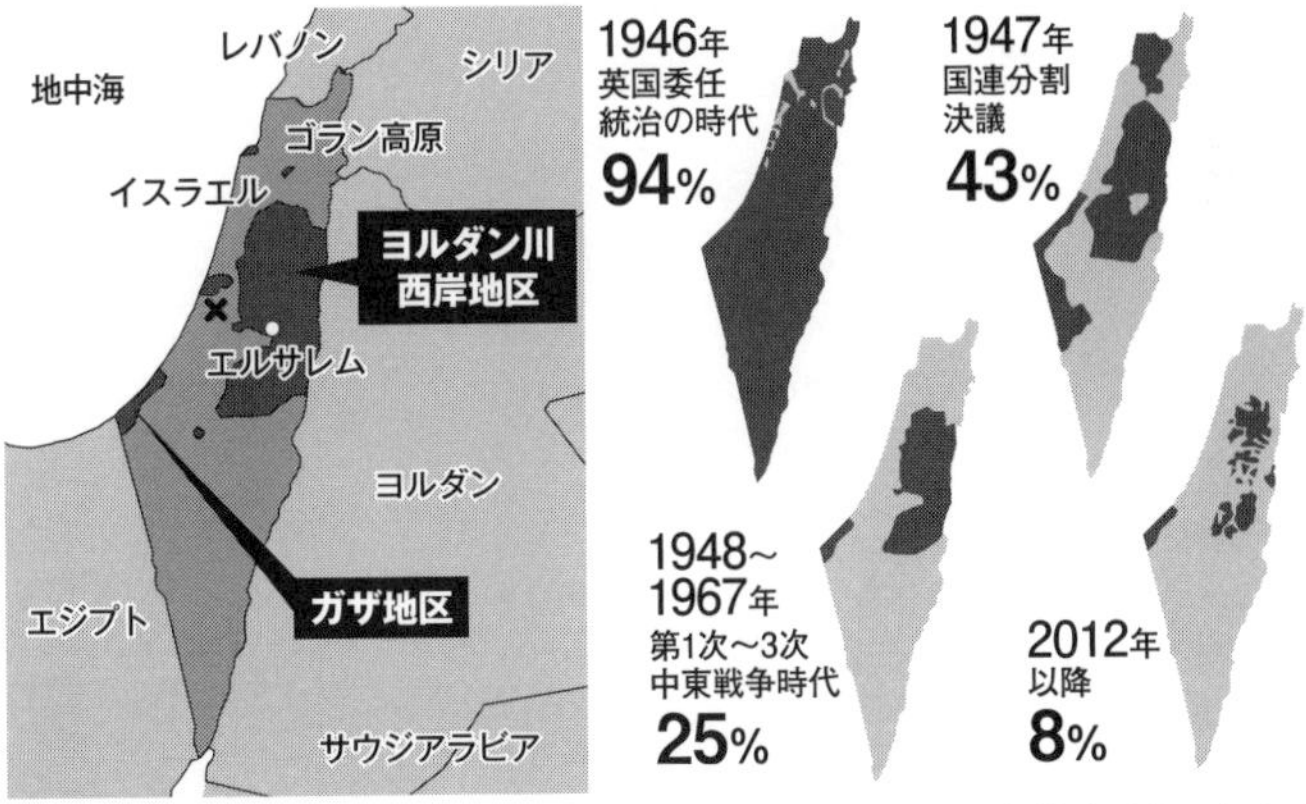

パレスチナの土地収奪の歴史。現在（左図）と1946年の英国委任統治時代から今日までの土地収奪の推移がくっきりと見える。イスラエルの徹底した入植策の証である。

のは、ごくわずかしか目視できない。民間建設業者を尖兵《せんぺい》に、イスラエル政府がいかに急速な入植政策を推し進めていったかを窺《うかが》い知る強烈な経験だった。

国家が戦争によって領土を併合してゆくというやり方だけでなく、入植者、つまり民間人の武装を側面支援しながら、半世紀以上をかけパレスチナ人から土地を収奪してきたのだ。いわば国民国家ぐるみの凶悪な集団強盗だ。

ハマスは政体である

同時に、パレスチナＮＧＯの間では、パレスチナ自治政府に対する不満も燻《くすぶ》っていた。自治政府は（イスラエルとアメリカの）「傀儡《かいらい》政権」と指弾され、汚職や腐敗への批判が根付いていた。西岸地区の由緒あるビルゼイト大学で付き合いのあった教授の一人は、「パレスチナの人々にとっての脅威は二つある。一つはシオニスト政府、もう一つはパレスチナ自治政府だ」とまで言っていた。まだアラファトＰＬＯ議長が存命だった頃だが、こういう土壌が後になってハマスを生んだとも言える。

ハマスは２００６年のパレスチナ国政選挙で西岸、ガザ両地区で民主的に第一党に選ばれた、れっきとした「Ｐｏｌｉｔｙ＝政体」である。

ハマスとパレスチナ自治政府の関係

国際的に承認されたパレスチナ人の代表組織は、イスラエルに実効支配されるヨルダン川西岸の自治区に拠点を置くパレスチナ自治政府だ。

対してハマスは、総面積365平方キロメートルほどのガザの自治区に本拠地を構える。

イスラエルを打倒し、パレスチナ全域にイスラム国家の樹立を目指していると言われる。

ハマスはイランやトルコをはじめ周辺のイスラム諸国、さらに欧米のイスラム系移民からも支援を受けており、その戦闘員は約4万人ともいわれる。しかし、近年では、イスラエル打倒という強烈な言説は影を潜め、1967年のアラブ・イスラエル戦争で決まった領域内（P27の図参照）のパレスチナ建国をめざすとし、ハマスが敵対するのはあくまでシオニストの企《たくら》みであって、ユダヤ教徒ではない、と表明している。

いずれにせよ、ハマスとパレスチナ自治政府の〝分断〟は、イスラエルが仕掛けたものであるという陰謀論はここでは慎むが、その分断はイスラエル側にとって好都合な状況であることは間違いない。

そして、国家ぐるみの〝土地泥棒〟という所業を覆い隠すために、ハマスを生んだパレスチナの民主主義を否定し、そしてハマスをガザという流刑地に追い込み、10年以上にもわたって、無辜《むこ》な市民も含めて日常的な無差別攻撃に晒してきたのはイスラエルであり、それを守護するアメリカである。

以上の理由で、パレスチナを支持する日本の論説でよく聞かれる、ガザ戦争開戦の「10月7日にハマスが犯したテロ事件の非人道性を非難する」

イスラエルとハマスをめぐる動き

1987年	武装闘争によるイスラム国家樹立を目的とした組織「ハマス」設立
2005年	イスラエル、ガザ地区から撤退
2006年	パレスチナ立法評議会選挙でハマスが過半数の議席を獲得 ハマス主導の自治政府内閣成立
2007年	2月、ハマスとファタハが挙国一致内閣樹立で合意 6月、ハマスがガザ地区制圧 ハマスを排除した緊急内閣が成立し、事実上、西岸とガザが分裂状態に
2008年	ハマスによるロケット攻撃激化 イスラエル軍によるガザ攻撃開始
2014年	イスラエルとハマスが大規模衝突 2000人以上が死亡
2021年	イスラエルとハマスが衝突 200人以上が死亡
2023年10月７日	ハマスがイスラエルを大規模攻撃
2023年10月14日	イスラエル軍ガザの空爆開始
2023年10月31日	イスラエル軍、パレスチナ自治区ガザ地区北部の難民キャンプを空爆、イスラム組織ハマスの司令官を殺害
2023年11月24日	一時休戦、互いに人質解放、12月2日戦闘再開
2024年１月３日	イスラエル軍、ハマスの幹部を暗殺。　ガザの保健当局は犠牲者の数が２万1800人を超えたと発表。

という前置きを、私は敢《あ》えて使わない。

私の任務は「セカンド・トラック」外交

話を当時の私の仕事に戻す。それは、いわゆる「セカンド・トラック」外交というものだった。

「ファースト・トラック」が政治レベルの外交。「サード・トラック」がNGOなどによる民間外交とするなら、その中間にあって、民間の体は装うも、できるだけ大きな影響力を持つ人脈を駆使して、上位の大きな政治を動かすことを目的にする事業である。

具体的には、あのエルサレムの多重統治の可能性を提起することであった。ヨルダン王国のハッサン皇太子（現国王の父アブドラ国王の弟。イスラエル側にも信頼が厚く、中庸《ちゅうよう》外交を目指す人格者）と、オスロ合意にも名を連ね、首相を経験するもそのときには閑職にあったイスラエルのシモン・ペレス氏（イツハク・ラビンイスラエル首相、ヤセル・アラファトPLO議長と並んでノーベル平和賞を受賞。受賞時は外相、後に大統領になる）のふたりを共同議長に据え、世界から叡智を集めて、エルサレムの新しい統治モデルを提案する、というものである。

ユダヤ教の聖地「嘆《なげ》きの壁」、キリスト教の聖地「聖墳墓教会《せいふんぼきょうかい》」、イスラム教の聖地「岩のドーム」を擁《よう》し、3つの宗教の聖地であるエルサレムを、対立する政治勢力のどちらかが力で独占的に支配するのではなく、その施政にパワーシェアリングを制度として組み込み、停滞していた「二国家共存」を復活させるシンボルにできないか。これがわれわれの問題意識だった。

ベルファースト（北アイルランド）などは同様の民族対立を抱え、市内が直接の戦場になりながら、施政の試行錯誤を繰り返してきた。そういう世界の苦悩の教訓を、2人の共同議長の名の下に結集しようという試みだった。

パレスチナで活動していた当時の筆者㊧とシモン・ペレス㊨。（1999年12月／著者提供）

オスロ合意の崩壊

当時の聖地エルサレムは、極右リクード党に属し、後にイスラエル首相になるエフード・オルメルトが市長をしており、街の角々に自動小銃を持った若い連中がたむろしていて、パレスチナ側のNGOに案内されたわれわれのような外国人の一団が通り過ぎると、小銃を構える仕草《しぐさ》で威嚇《いかく》してくるような有様であった。

ガザを訪問する計画をしていたある日、ペレス氏がウインクしながら紹介してくれた人物がアリザ・オルメルトさんだった。前述のオルメルト市長の妻である。アーティスト・写真家であり、夫君《ふくん》の政治思想とは裏腹にリベラル左派であり、そのときは不仲も噂《うわさ》されていた。

アリザ氏にとってもガザ訪問は生まれて初めてということだったが、道中の検問でわれわれ一行を見たイスラエル兵の驚いた顔が忘れられない。

パレスチナ側の首席交渉官サエブ・エラカット氏とのジェリコでの面談や、ガザでのパレスチナ自治政府幹部たちとの会議にアリザ氏は同席し、私のエルサレムの事業を実施するために必要な信頼の醸成《じょうせい》を助けてくれた。

こうして、私の事業が軌道に乗りかけたころ、後に首相になるアリエル・シャロンがリクード党の代表団と共に数百人のイスラエル機動隊を引き連れて、イスラム教で3番目に神聖な場所と広く考えられている「神殿の丘」の入場を強行した。そして「エルサレムはすべてイスラエルのものだ」と宣言したのだ。

その後、第二次インティファーダ（パレスチナ民衆蜂起《ほうき》）が始まり、オスロ合意は事実上の崩壊の一途を辿《たど》る。そして、私の事業も頓挫《とんざ》した。

アラブ側の知性、ハッサン皇太子と、イスラエル側の知性、ペレス氏を看板にした私のこの事業はイスラエル政府のプロパガンダに利用されただけという批判を受けた。オスロ合意で約束した「二国家共存」に入植者ぐるみで違反するイスラエル政府の本当の姿をオブラートに包む手段として利用されたというのである。当時は腹立たしかったが、今となっては的確な指摘だったと思う。私の所属先であった当時の笹川平和財団は、アメリカの民主党系のシンクタンクと深いつながりを持っていた。「二国家共存」を掲げながら、イスラエルに莫大《ばくだい》な軍事支援を続けるアメリカ外交の手の平で踊っていただけだ、と今となっては思う。

国家ぐるみの土地収奪の中で「自衛権の行使」は認められるのか？

今回の【ガザ戦争】開戦にいたる経緯は、本当に大雑把《おおざっぱ》に言うと、半世紀以上をかけて拡大してきたイスラエルによる軍事占領と土地泥棒のなかで、苦痛に耐えかねた被占領者の一部が過激化し、〝テロ事件〟を引き起こした、ということになる。

アメリカは依然として、このテロ事件に対処するイスラエルの「自衛の権利」を保護し、安保理決議において「停戦」の一言の挿入を妨害するために拒否権を行使する根拠とした。この「自衛の権利」とは、国際法上、何を意味するのか。

国連憲章では、その第51条において、国家の自衛の権利は、個別的自衛権と集団的自衛権の2つしか認められていない。そして、同条は、国家が自衛権を発動する要件は、「国際連合加盟国に対して武力攻撃が発生した場合には」と定義している。

言い方は悪いが、〝泥棒行為〟のなかで受けた被弾が、はたして同条の個別的自衛権を行使する

イスラエルによる入植地の拡大（パレスチナ自治区ヨルダン川西岸地区）。

要件を満たすものかどうか、法学的検証が必要である。そして、イスラエルにとって、武力攻撃を受けた場所が、国連が認める〝正当な領土〟の中であるかどうかの問題がある。

だから、アメリカが保護する「イスラエルの自衛の権利」は「国連憲章が加盟国に許す個別的自衛権」とは言いがたい。

そして、「イスラエルの自衛の権利」は、あたかも戦争犯罪を定義し戒《いまし》める国際人道法を無視できる上位概念であるかのように、無辜の市民を犠牲にする未曽有《みぞう》の戦争犯罪を今も続けている。この文章をしたためている現在も、である。そしてその国際人道法の秩序の発展を担ってきたはずの欧米諸国によってそれが擁護《ようご》されているのだ。これは、国際法の法理の基盤を脅《おびや》かす、今までにない脅威《きょうい》だ。

「イスラエルの自衛の権利」と「憲法9条の自衛の権利」

余談だが、「イスラエルの自衛の権利」の問題は、日本国憲法第9条をめぐる自衛権の議論に影を落とす。

邪気《じゃき》なしで読めば、「どんな場合でも戦うな。戦う力を持つな」と言っている憲法9条。それを改憲するか否かの神学論争で、改憲派保守、護憲派リベラルの双方の政治勢力が、

「いくら9条でも個別的自衛権まで否定すまい」に落ち着き、現在にいたる。

でも厄介なのは、「9条で戦争しないと言っているのだから、戦争犯罪をおかす可能性については考えない」で、戦後からここまでずっと来てしまったことだ。わが日本では、その刑法にも、自衛隊法にも、国際人道法を批准した国家の義務とされる「国内法の整備」がまったくされていないのだ。

たとえば、1000人の市民を殺害した戦争犯罪は、1000件の殺人事件ではない。「上官責任」、つまりそれを指揮し命令した者を起点に量刑を考えるのが、戦争犯罪と一般犯罪の決定的な違いだ。イスラエルにさえあるこの考え方が、世界で唯一だと思うが、日本にはないのだ。

同時に、この日本の「戦争犯罪を想定しない9条の個別的自衛権」は、結果的に、日本をイスラエルに匹敵する軍事国家に成長させた。「戦争犯罪を無視するイスラエルの自衛の権利」と酷似していないか?

日弁連をはじめとする法曹界、国際法学者は、わが国が批准した国際人道法が求める国内法の整備状況を早急に見直し、確固たる学術的見解を表明するべきだ。

悪魔が10月7日に降臨したという印象操作

7日間の休戦が実現し、ガザ地区に人道援助が搬入された2023年11月末時点で、ハマスに拘束されていた110名の民間人（内30名がタイやフィリピンからの労働者を含む外国人）が解放された。まだ150名以上が残っていると言われ、そのうち、60名ほどは、10月7日のハマスによるイスラエル軍事拠点への攻撃で捕虜となったイスラエル兵士と見られている。一方、イスラエルが解放したパレスチナ人は240名。イスラエルのほうが多く解放しているように見えるが、これには説明が必要だ。

イスラエルによる積年の「共存違反＝オスロ合意違反」によって被害を被ったパレスチナ難民は、600万人にのぼる。さらに、2023年10月7日の襲撃でハマスが拘束した人質だけがクローズアップされるが、イスラエルによって拘束され投獄されているパレスチナ人は現在まで8000人にも及び、そのうち10月7日以降に拘束されたのは3200名である。

その多くが一般市民であり、未成年の子供は250名に及ぶ。これは西岸地区で日常的に行われてきたことで、【ガザ戦争】開戦後、急増している。ハマスはその全員の解放を要求している。

イスラエル治安当局によるパレスチナ市民への令状なしの逮捕、拘束、そして拷問は、Arbitrary by Default＝「専制的自由裁量が初期設定」と言われている。子供を含む無辜な市民が一方的な嫌疑で突然自由を奪われ、民事でなく軍事法廷で処罰され、長期に勾留《こうりゅう》されてきた。こうしたことを踏まえれば、私は、ハマスの要求には、正当性があると考える。

10月7日の襲撃は、こういう積年の抑圧の時間軸の中で起きたものであるが、**【ガザ戦争】**は「**〝いきなり〟**悪魔が降臨《こうりん》」して始まったという印象操作によるハマスの絶対悪魔化が拡められた。これこそが、人質の安否を憂い「停戦」を求める国内世論の高まりを制して戦争を継続したいネタニヤフ政権、そして「停戦」を謳《うた》う安保理決議案に拒否権を行使したバイデン政権にとって、その正義の根拠となっている。

イスラエル、ハマス、双方の「比例原則」

確かに、10月7日の襲撃におけるイスラエル側の犠牲者は1154名、うち782人は30人以上の未成年者を含む一般市民であり、大変に痛ましい〝事件〟である。

しかし、そのうち３０９人はイスラエル兵士・治安部隊の要員であり、その何人が役務中であったかは明らかになっていないが、イスラエル国軍のガザ軍区本部などへの急襲《きゅうしゅう》、そして治安部隊との交戦の結果である。痛ましい市民の犠牲は、軍事行動における「比例原則」の議論で語るべき問題である。

「比例原則」とは、自衛権行使の要件が満たされ反撃が正当化されたときに、その反撃の「烈度」を戒めるものだ。反撃に伴う市民への第二次被害は、〝許容範囲〟でなければならない。それを超えた結果は、戦争犯罪と称されることになる。国際慣習法としての国際人道法が、戦う双方の自衛権の行使における「倍返し」を諌《いさ》める「戦争のルール」の最も根本的なものである。

10月7日のハマスの所業は、〝テロ〟としてではなく、それ以前から連綿と続いている戦争（＊）の中で起きた一つの「奇襲攻撃」、いや「奇襲反撃」として認識されるべきである。そして、そこで起きたイスラエル市民への被害は、「比例原則」で戒められる軍事行動中の第二次被害として、そしてすでに3万人を超す（２０２４年2月末時点）ガザ一般市民の犠牲を生んでいるイスラエルの報復空爆と地上侵攻と対比させながら、国際人道法上の違反性が査定されるべき問題である。

（＊）２００７年にイスラエルによる陸海空の封鎖でガザが「天井のない監獄」になって以降の同地におけるイスラエルによって作戦名が付けられた軍事侵攻（パレスチナ市民の死亡者数）。
２００８年12月：〝カストレッド〟作戦。別名「ガザの虐殺」　９００名以上。
２０１２年11月：〝雲の柱〟作戦　１００名以上。
２０１４年７月：〝防衛の刃〟作戦　１６００名以上。
２０１８年３月：パレスチナ側の命名〝復帰への大行進〟　２００名以上。
その他、２０１８年11月、２０１９年５月・11月、２０２１年５月での戦闘　３００名以上。

繰り返す。２０２３年10月７日のハマスの行為によるイスラエル市民の犠牲は痛ましく、パレスチナ側の犠牲と同様に、追悼し、涙する。しかし、そのハマスの行為は、〝テロ〟ではなく、「奇襲反撃」と認識され、国際法の「比例原則」に基づいて、その違法性が裁定されるべき問題である。

それは、日本国内で凶悪事件が起きたときに、被害者とその家族たちの苦しみに深く共感、涙すると共に、「法の正義」の持続性のために「推定無罪の原則」を説く視座と共通するものである。

日本では先ごろ、36人の命が奪われ、平成以降で最も多くの犠牲者を出した「京都アニメーション」の放火殺人事件で、被告に一審で死刑判決が出た。あれだけ多くの人を殺したのだから死刑は当然だという気持ちは私の中にもある。でも被告の生い立ちや当時の状況を分析し、「なぜ事件は起きたのか」を考える言説も社会には必要である。大勢の人々の「胸がすく」判決が法の正義ではない。

人質交換の行方と停戦

話を人質交換に戻す。

「7日間休戦」で合意された「交換比率」は、お互い解放可能な人質・拘束者のリストを持ち寄り、イスラエル側が解放する1人に対して、ハマス側は3人というものだった。カタールが仲介し合意したこの比率が、どういう根拠で算出されたものかは定かではない。

過去、2006年には、ハマスが1人のイスラエル兵を捕虜にし、5年の拘束後、イスラエル治安当局によって拘束されていた1000人のパレスチナ人と引き換えに解放した例がある。イスラエルが許容できる兵士1人の交換価値がこれだとすると、ハマスが要求する前述の8000人全員解放は、法外なものではない。

ちなみに、ハマスには、2007年に英国BBCの記者がガザを拠点にする過激派組織

Army of Islamに誘拐されたときに、その解放を助けた経緯がある。この組織は、アメリカやその同盟国だけでなくアラブ首長国連邦によってもテロ組織に指定され、ハマスを〝手ぬるい〟背教組織とみなし敵対していた。

現在のところ、決裂してしまった「7日間休戦」に続き、お互いの人質・拘束者交換によって人道援助をガザに搬入する「Humanitarian Truce：人道休戦」をなんとか再現するしか、ガザ全域における戦闘停止に向かわせる道はないようだ。

イスラエル軍が再開した無慈悲《むじひ》な空爆と地上侵攻への怒りで、ハマスは、次の人質交換の交渉には、その全面的な戦闘停止が実現するまで応じないと表明している。しかしハマスは、仲介者として実績を示したカタールやアラブ首長国連邦、そしてエジプトに親和性があるので、交渉再開の説得は十分可能であると思う。

現時点では、それらの仲介者を通じて、段階ごとの

ヨルダン川西岸地区にあるオフェル刑務所から釈放されたパレスチナ人。（2023年11月28日）

停戦が模索《もさく》されているようだ。ハマス側が一般市民を中心に人質を解放し、イスラエル側が拘束者の交換と共に、イスラエル軍がガザからの部分的な撤退を開始する。そして、ハマス側が戦闘中に捕虜になったイスラエル兵の解放と共に戦争を終結する。戦争の終結とは、イスラエル軍のガザからの撤退、そしてガザを統治する行政機構をアメリカ、エジプト、カタールの支援のもとで構築するというものだ。しかし、イスラエル側は、この提案を拒絶したと伝えられている。

唯一の活路は、アメリカがこの案の実現に向けて自らの「インサージェント（非正規武装組織）との戦い」の経験値を基に、イスラエル軍の戦争目的として喧伝《けんでん》されている「ハマスの殲滅《せんめつ》」の実現性を、非公式でいいからネタニヤフに打診し、この提案の合意形成を裏でリードすることである。

そのアメリカの経験値とは何か。「対テロ戦争」という名目で2001年に始まり、つい最近アメリカの完敗で終結したアフガニスタン戦争のそれである。

インサージェントとしてのハマス

「イスラエル対ハマス」、この構造を軍事的にどう捉えるか。

「アメリカ対タリバン」であれば、典型的な非対称戦争（両者の戦力、兵器、戦術が大きく異なる戦争）だ。つまり、強大な正規軍対インサージェント（非正規武装組織）である。

ちなみに、「ウクライナ対ロシア」は、非対称戦争ではない。当然、軍事力の優劣はあっても、ウクライナは、国策として民間企業があのミャンマーの軍事政権に航空機、船舶、戦車の部品を供給していた軍事立国の一つであり、ウクライナ戦争は正規軍（準正規軍とみなされる傭兵《ようへい》部隊を含む）同士の「通常戦争」である。

さらに言うと、ウクライナ戦争は、アメリカが、アメリカと同様に圧倒的な大量破壊兵器を保持する仇敵《きゅうてき》ロシアを、緩衝国家ウクライナを戦場に、それら（大量破壊兵器）を使わない昔ながらの通常戦争で消耗させようとする「代理戦争」である。

ハマスは相当な武器を保有しているので、非対称ぎりぎりと言えなくもない。しかし、毛沢東の言う「民衆の海を泳ぐ魚」であり、地下壕《ごう》のネットワークや自らの「懐」、つまり民衆の居住区に敵を誘い込む戦法など、タリバン、アルカイダ、そして後のＩＳＩＳと同様、典型的なインサージェントである。

インサージェントとの戦いCOIN（Counter-Insurgency）

ガザ戦争が始まって以来、主要な英語ベースの国際メディアの中では取材力が突出している『アルジャジーラ』を観ることが私の日課になっている。面識のある元アメリカ陸軍そしてNATO関係者が解説に出てくるが、彼らが語る【ガザ戦争】の文脈は、明確にイラク・アフガニスタンでの「インサージェントとの戦い」である。

その中のひとり、久しぶりに顔を見たペトレイアス元米陸軍将軍（イラク・アフガニスタン最高司令官、後にCIA長官）は、イスラエル軍のガザ陸上侵攻を、2004年のイラクでのファルージャやモスルでの攻防に例え、アメリカが支援した当時のイラク治安部隊とイスラエル軍の戦力と軍事的練度の違いを踏まえつつも、長期で非常に困難な戦局になるだろうと語っていた。退役しているとはいえ今でも影響力のある元政府高官だから、「即時停戦を」とは立場上言えないだろうが。

インサージェントとは、毛沢東の言う「民衆の海を泳ぐ魚」だ。だから「現地社会の民衆を味方にしなければ勝てない」。これが、アフガニスタン、イラクでアメリカ軍が試行錯誤して得た教訓であり、ペトレイアス将軍によって、ベトナム戦争以来はじめて書き換えられたと言われる陸戦軍事ドクトリン、通称COIN：Counter-Insurgencyである。

しかし、これをどう施行しても、その民衆が味方になってくれない場合がある。占領軍のドクトリンとしては「民衆の帰依を勝ち取る」しか戦争の勝利への道がないのだが、どうやっても日本の戦後のようにはならない。同じくCOINが実践されたアフガニスタンでは、NATO全加盟国としてこれを試みたが、20年をかけて〝敗北〟した。

その顚末《てんまつ》は第3章で言及するが、私はその占領政策に日本政府代表として関わった。2001年9・11同時多発テロを受けてアメリカが報復の空爆をアフガニスタンのタリバン政権に対して行い、同時に地上侵攻をタリバンと敵対するアフガン軍閥が担い、タリバンに一時的な勝利を果たした。私の責務は、それら軍閥の権力争いがアメリカの占領政策の支障にならないよう彼らを武装解除させることであった。

それが軌道に乗り、占領政策に光が差していたにもかかわらず、タリバンの復活が認識され始めた頃、日本政府代表の私のカウンターパートのアメリカ陸軍中将が、ある日の定例会議のコーヒータイムの立ち話で、ポロッと言ったことを思い出す。

「こっちの戦争計画は大統領の一任期に縛られるが、あっちはそうじゃない。最初から勝負にならないのだよね」と。

「戦闘に勝っても戦争には負ける」

同時に、インサージェントが最も得意とする戦略は、正規軍による民衆への第二次被害を誘導し、その非人道性を際立たせ、世論を味方につけることである。これまでハマスとは距離を置いていた中東諸国でさえ、パレスチナ人が被る悲劇に涙し怒る国内世論の高まりを抑えることはできない。グローバルサウスを中心に、イスラエルに対する世界世論の包囲網は広がっている。イスラエル軍のガザ侵攻の成果がこれからどうなろうと、ハマスはすでに勝利しているのだ。

たとえば、差別と抑圧が日常のアパルトヘイト的状況下で、家族や同胞が目の前でたくさん殺される強烈な原体験を負った10歳の子どもが、10年後にどういう20歳になっているか。その教訓をアフガニスタン・イラクで我々が学んだのは、つい最近のことなのだ。

COINの一般論として、敵が非道な〝テロ事件〟を起こしたからといって、火力が桁《けた》違《ちが》いに勝るこちら側が、感情にまかせて「比例原則」を無視して報復することは、民衆のなかに敵が棲《す》む非対称戦争では絶対にやってはいけないことだ。

桁違いの火力を持つこちら側の「非道」が、桁違いに多くの第二次被害を生み、民衆に強烈な怒りと憎悪を植え付け、結果、相手の支持基盤をより強固にする。これはアメリカのCOINがイラク・アフガニスタンで証明し学んだことだ。

アメリカがやったこの20年間の対テロ戦は結局どうなったか？　ISISを生み、世界に派生、拡大した。それ以前からも、世界中のムスリムを団結させてきたものは、パレスチナなのだ。イスラエル軍の地上侵攻がガザを軍事制圧できたとしても、それはきわめて短期的な軍事成果でしかない。ネタニヤフがどんなに小躍りして見せても、とうてい「勝利」とは程遠いものになる。これまでがそうであったように、新たな深い憎しみがパレスチナの若い世代をより過激化させ、ハマスや他の過激派の支持基盤をより強靭《きょうじん》なものにするだけだ。

今、パレスチナの半世紀の苦悩の歴史を凝縮したような虐殺が、あの狭い地域で起きている。それをメディアが実況中継に近い形で全世界に可視化している。この強烈な負の記憶の蓄積と継承が、これからどういう次の世代を生んでいくのか。それは、どんな大きな力が手を尽くしても止められない。できるのは、それをいかに最小限にとどめるか。それだけである。

イスラエルを包囲する国際世論

繰り返すが、パレスチナは、世界中のムスリムの心を一つにするCause（大義）だ。その抵抗の象徴ガザで、あれだけの世紀末的な悲劇が可視化されている。

カタールにしても、ヨルダン、サウジアラビア、エジプトも含めて親米アラブ諸国がアメリカに背を向けているのは、その国民が許さないからだ。これらの国々は、王政や専制政治で知られる国であり、民衆運動の高まりは、そういう政権にとって死活問題になってくるからだ。

パキスタン、インドネシア、バングラデシュ、マレーシア、国内にISISなど過激派の問題を抱えているアフリカ諸国も同じだ。イスラエル支

在米ユダヤ人団体の呼びかけで「即時停戦」を求めてグランドセントラル駅を占拠する人々。（2023年10月27日、米NY）

持を鮮明にしていたインドのモディ首相も、大規模なデモが起きるようになってから、あまりそれを発言しなくなった。

アフリカ諸国のなかでも、たとえばセネガルで起きていることは興味深い。イスラム教徒が国民の大多数を占めるが、ISIS問題を抱えており、その対策にあたってイスラエルの軍需産業と深い繋《つな》がりがあるため、政府はパレスチナを応援する民衆運動に大きな規制をかけざるを得なくなっている。いずれにしろ、【ガザ戦争】を契機に高まる民衆運動は、為政者にとって死活問題になっているのだ。

イスラム教徒を多く抱える国の民衆の団結は言うに及ばず、政府がアメリカと歩調を合わせる国々でも民衆運動の波が止まる兆しはない。

米国内でもユダヤ人コミュニティが「即時停戦」を訴えている。これをバイデンは無視できない。市民が政治を変える兆しが顕著に見える瞬間ではないかと思う。

人質交換ではなくガザを統治するビジョンによる停戦交渉を

ネタニヤフがいう「ハマスの殲滅」と、同じ連立政権の極右勢力が喧伝する「ガザへの入植（つまり民族浄化）」。そしてアメリカが片方に多大な軍事支援しながらも固執する「二国家共存」。こういう言説が飛び交うなかで、この戦争の終結とは何なのか。

そのアメリカも、【ガザ戦争】が、周辺国が介入する地域紛争に発展する恐れを明確に表明している。すでに、ヒズボラを擁するレバノンとの国境上の戦闘は激化する一方で、イエメンの親イラン武装組織フーシ派はハマス支持を掲げ、紅海でのイスラエルと関係のある船籍に対する攻撃を激化させている。「航行の自由」を掲げるアメリカはこれを阻止する多国籍軍を主導せざるをえない。本土から遠く離れた「敵の懐」で戦ったアフガニスタンやイラクでの悪夢。その再現を回避したいであろうが……。

一方で、周辺のアラブ諸国は当然のことながら、グローバルサウスの国々でも広くイスラエルを包囲する世論が高まり、それを受けてアメリカ国内の世論も今以上にイスラエルへの軍事供与の是非が政局化している。これらが相まってイスラエルがこの地域紛争のなかで、通常戦において窮地《きゅうち》に陥《おちい》るシナリオの先には、核の使用の悪夢も想定しなければならない。

だからこそ、ガザ戦争の1日も早い停戦を実現しなければならないのだが、これまで停戦交渉の唯一のカードとなってきた人質・拘束者交換は、いつか〝種切れ〟になる。戦闘終結後のガザの統治機構のビジョンによる停戦交渉を開始しなければならない。

そのビジョンとは、イスラエル軍をガザから撤退させるものであるが、それは同時にハマスを武装解除に応じさせるものでなければならない。加えて、さらなる武器・弾薬のガザへの流入の防止を、隣接国を含め国際的に保障する措置《そち》だ。それなしに、イスラエルが撤退に応じるとはとても考えられない。イスラエルは戦闘の一環として武力でそれをやるつもりなのだから、ハマスの「政治交渉による武装解除」をイスラエル軍撤退の条件として納得させなければならない。現在、ネタニヤフ政権が発する好戦的な言説からは、これでさえ非現実的に見える。しかし、交渉の最終的な帰着点は、これになるはずである。そして、それを説得できるのは、アメリカ以外にない。

その際、武装解除をやる主体を、どういう構成にするかが説得の鍵になる。武装解除に中立な目を確保し、それと共に停戦違反を監視し仲裁《ちゅうさい》する権限を与えられた国際監視団の創設だ。

想定するのは、国連平和維持活動で定番となっている軍事監視団：Military Observers Groupだ。多国籍の非武装の軍人で構成される。そして、厳格な武器使用基準：ＲＯＥ(Rules of Engagement)で統制された軽武装の国連平和維持軍と国連文民警察に必要最小限の治安維持任務を担わせる。

ハマス側はイスラエルやその支援国がこれらに参加することは拒絶するだろう。これまでの休戦交渉を仲介してきたカタールを中心にアラブ諸国が主導し、それを国連が承認する国際監視団なら納得する可能性は十分ある。対してイスラエルがアラブ諸国、とくに周辺国の参加に難色を示すなら、グローバルサウスに主導させ、地域政治からより独立した構成にする手もある。日本の自衛隊は、ネパールなどで武装解除の監視の実績もあり、イスラエル対策という点で、軍事監視団として信頼醸成の核になれる素質があると思う。

ガザの行政機構の将来

武装解除と共に、ガザの行政機構をどう構築するかは、喫緊《きっきん》の課題である。パレスチナ問題へのこれまでの外交スタンスの違いを超えて、全世界から最大限の復興支援の受け皿となれる行政機構である。

国際社会の支援を得るためには、どうしてもすでに国連でオブザーバーの地位を得ているパレスチナ自治政府を前に立てなくてはならないであろう。アメリカも、その方向を考えているようだ。しかし、その際、イスラエルとの関係と同時に、ハマスとパレスチナ自治政府の関係が問題になってくる。

実は、日本ではあまり報道されなかったが、歴史的に複数の巨大なパレスチナ難民キャンプを抱えるレバノンで、2023年の7月から8月にかけてある事件が起こっていた。その最大のキャンプで、パレスチナ難民の派閥同士の激しい武力衝突があったのだ。それまでもあった単なる衝突ではなく、〝内戦〟であると、アルジャジーラなど国際メディアは報道した。主流のファタハ勢力と、いわゆる過激派の間の係争が発展したもので、ハマスは直接のこの紛争の当事者ではないということだった。

しかし、これが起きる直前に、パレスチナ自治政府の諜報《ちょうほう》局の長がレバノンを訪問し、ハマスの影響力を難民キャンプから排除するようヒズボラ側に直の工作活動があり、それがこの内戦の引き金になったという分析があった。

2023年10月7日、なぜハマスはあの攻撃に踏み切ったのか？

これから、史実としての解明が進むだろうが、ハマスとパレスチナ自治政府の関係性も、これを誘発させた原因の一つとして、この戦争の終結のビジョンのなかに位置付ける必要がある。西岸地区のパレスチナ人社会でも、パレスチナ自治政府への不信感に反比例して、ハマスへの支持の激増が報道されている。

ハマスを包含せよ――アフガニスタンからの教訓

パレスチナ自治政府とハマスの連立に向けての信頼醸成は、他の〝過激派〟グループの台頭を抑止するためにも必要である。

これは、2021年にアメリカ・NATOが敗戦・撤退した後のアフガニスタンで、ISISの台頭を抑え、アフガニスタンを二度と国際テロの拠点にしないために、タリバンに頼らざるを得ない現在の構造に似ている。

このビジョンをネタニヤフ政権に承諾させる外交圧力をつくるために、国際世論の包囲網を今以上に強化することが重要だ。と同時に、「ハマスの殲滅」という言説をネタニヤフ政権に捨てさせるイスラエル国内の世論の醸成が不可欠である。

汚職疑惑、そして収賄《しゅうわい》や背任罪での起訴、強引な司法改革へのイスラエル国民の異例な規模の反政権運動。こ

ラクダール・ブラヒミ（Lakhdar Brahimi）元国連アフガニスタン事務総長特別代表。

の戦争が起こる前はレームダック状態だったのがネタニヤフだ。そういうなかでこの戦争は起きた。2001年、訴訟合戦で混乱を極めた大統領選を僅差《きんさ》で制するも、「国民の分断」が指摘され続けたブッシュ政権を思い出す。

そして、9・11テロ事件を契機に、日本を含む欧米社会のわれわれは、タリバンをアルカイダとともに徹底的に「非人間化」し、戦争に突入した。しかし、20年間をかけてわれわれは敗北し、現在タリバンは、アフガニスタンがISISなどのより過激なテロ組織の巣窟《そうくつ》とならないように、われわれの側にひきつけておくべく、同国を統治する政体として交渉しなければならない存在になった。

タリバンを一度倒した当時、アフガン暫定政府の創設において、国連を代表したラクダール・ブラヒミ特使は、後にこう述懐した。「2001年当時は不可能と思われたが、今考えると、あのときタリバンの代表を新政権に参加させるべきであった……」(2005年)と。

「テロリストとは交渉するな」は自滅的な言説である

2001年の「9・11」。

衝撃的な事件は、不可逆的で強烈な「安全保障化」を企てる機会を提供する。ましてや、安全保障化の媒体となるメディアを世界で最も圧倒する当のアメリカ自身が犠牲になった事件だ。

このときも、首謀者のビンラディンと、それを匿《かくま》うタリバン政権は「〝**いきなり**〟降臨した悪魔」として喧伝され、ブッシュ政権は即座に法執行機関の権限を拡大する「愛国者法」を可決させ、イスラム恐怖症がアメリカ社会を支配していった。私の知人のリベラル系の研究者やジャーナリストたちも、見事に「愛国者」になっていった。しかし、時間が経つにつれ、それは覚めていくのだ。そもそもビンラディンを生んだのは何か？　と。

言わずもがな、ビンラディンは、冷戦時代にアフガニスタンに侵攻したソ連に対抗するためにアメリカが軍事支援した「イスラム戦士」の一人だった。それはアメリカの典型的な「代理戦争」として位置付けられている。結果、イスラム戦士たちは勝利したので、代理戦争の成功例であるが。

9・11を契機とする対テロ戦は、代理戦争ではなく、アメリカが当事者として、本土から遠い敵の「懐」で戦った。しかし、当初の予想に反して苦戦。アメリカ建国史上最長の戦争になり始めたブッシュ政権末期には、ビンラディンのアルカイダとタリバンを戦略上区別することを余儀なくされる。国際テロ組織アルカイダとは無理でも、一政権であったタリバンとはアフガニスタンの施政をどうするかで対話可能であると。停戦交渉開始である。この方針は、オバマ、トランプに持ち越され、そしてバイデン政権においてアメリカの敗北で幕を引くことになる。

そして2023年の【10・7ガザ戦争】。

今回アメリカは、テロ事件の直接の被害者ではないのだから、以下の教訓をイスラエルに語れるはずである。

1. 対テロ戦に、テロリストを根絶する軍事的な勝利はないこと。戦争計画における時間のスパンの違いは、前述（P47）のアメリカ自身の軍人の本音にある通りである。
2. その認識のもと、テロリストを生む「過激化」の政治・社会・外交的な原因を一つ一つ除去する。これを「勝利への道」として見据えるしかないこと。
3. その過程において、当初テロリストと目した勢力のなかで、対話可能なものを見出《みいだ》し、政治的代表権、そして部分的にでも外交的地位を認め、それに他のより過激な勢力を制御させることが、戦略上必ず必要になってくること。

4．それを1日でも早く実行すること。遅れれば遅れるだけ、より多くの一般民衆の第二次被害を生み、「過激化」の土壌を強固なものにしてゆくということ。

「テロリストとは交渉するな」――COIN戦略上、これがいかに自滅的な言論空間であるか、われわれはもういい加減に気づくべきである。もちろん、敵に対してわざわざ公言するものではないが、少なくとも、当事者ではない〝外野席〟が、「交渉すること」を「敵を付け上がらせる」と騒ぎ立て、その可能性の芽を摘んでいくことの弊害は気づくべきである。

とはいっても、このような停戦へのビジョンをアメリカの口から語らせるのは難しいことであることは、十分承知している。

オバマは大統領として「アフガン戦争に軍事的勝利はない」と公言し、タリバンとの交渉を進めた最初の大統領だ。しかし、それと矛盾するように、ビンラディンに加え、タリバンのリーダーを次々とドローンによって殺害していった。アメリカ国民に対して「弱いアメリカ」を見せられないからだ。しかし、軍事的に負けそうな立場で和解を提案する側の行いとしては、不誠実きわまりないことは言うまでもない。

これが地上で最強の軍事国家のジレンマなのだ。そうこうしているうちに、この戦争は、「ブッシュの戦争」から「オバマの戦争」と呼ばれるようになり、泥沼化していった。

だからこそ、親米国家が、アメリカ国民といっしょになって、アメリカを動かさなければならない。特に日本の役割があるはずである。それは本書の最終章で語りたい。

これを〝戦争〟と呼ぶべきか？

ぜひ、この貴重なリンクを参照してもらいたい。国際人道法、国際人権法の立場から、パレスチナを支援する法学の専門集団が運営するサイトだ。

https://law4palestine.org/law-for-palestine-releases-database-with-500-instances-of-israeli-incitement-to-genocide-continuously-updated/

ネタニヤフ本人、国防大臣、文部大臣を含む主要閣僚たち、つまりイスラエルという国家の指揮命令系統の最上位にいる権力者たちが発してきたジェノサイドを示唆する言説のデータベースだ。

同時に、ＳＮＳで容易にアクセスできるので検索してほしいが、最前線のイスラエル兵士たちが得意げに「殺せ！　あそこには無辜の市民はいないのだ！　みんな吹き飛ばせ」

とシュプレヒコール、そして実際に砲撃する様子のセルフィーの数々。自虐の念からではない、自分たちを鼓舞し賞賛を求める動機が明確に伺える夥《おびただ》しい数の投稿だ。

ここまで、国家による非人道的殺戮《さつりく》の「上位下達」が可視化され、そして記録される戦争が、第二次大戦後、かつてあっただろうか。

2024年1月26日、南アフリカがイスラエルを提訴した国際司法裁判所の暫定措置は、残念ながら、ガザにおけるイスラエルの所業《しょぎょう》をジェノサイドと断定するものにはならなかったが、ジェノサイドと関連づけ、その予防を命令したことの意味は大きい。数年かかるだろうが、最終的な国際司法によるジェノサイド認定の最初のステップとなる。ジェノサイド認定には、「ジェノサイドの意思」つまり「上位下達」の証明が決定的となる。その意味で、前述の「可視化」が有利に働くことを期待したい。

【ガザ戦争】。ここまで本書では、停戦への思いを込めて「戦争」という言い回しを使ってきた。しかし、現在ガザで起きていることを表現するのに適切かどうか、検証が必要だ。「戦争」は、国家と国家の戦闘を想起させるからだ。

ガザで起きていることは、もはや「戦争のルール」でその違反性が語られる「戦争」ではなくなってきている。イスラエルという世界屈指の軍事大国が、パレスチナ人という特定の「人種」を母子まで無差別に抹消している大量殺戮だからだ。

同じように平和への思いを込めて【Two-state solution：二国共存】を言うときも注意が必要だ。二国共存が謳われてきても、それは【for One-state reality】、つまりイスラエル国家【一強拡大の現実】をカモフラージュするための言説に成り下がってしまっているからだ。

ジェノサイド認定の早期実現のためにも、【ガザ戦争】ではなく、【ガザ・ジェノサイド】の言説空間を拡大することが必要である。同時に、「二国共存」を語るときにも、【ガザ・ジェノサイド】についての前置きが必要である。

以上の問題意識で、これ以降の【ガザ戦争】の記述は【ガザ・ジェノサイド】に置き換える。

第2章

ウクライナ戦争

~ロシアを糾弾するだけでは停戦は実現しない。
ウクライナ戦争の終わり方を考える

2つの大きな「安全保障化」

多くの人命が失われる悲劇が起き、それがセンセーショナルに喧伝されると、その犯人の悪魔化・非人間化が始まる。

2001年9月11日の同時多発テロに続き、直近の2年間という短い期間で、われわれは、史実として語り継がれるであろう2つの大きな「悪魔化・非人間化」を経験している。2023年10月7日に「奇襲反撃」を引き起こしたハマスと、2022年2月24日にウクライナに侵攻したプーチンだ。

その喧伝が功を奏すればするほど――そのことでメディアは利益を追求し、政治家は自分への支持を集めようとするわけだが――、「悪魔がなぜその蛮行に至ったか」を追及しようとする言説空間が消滅してゆく。

「悪魔はその行動が予測できるわれわれと同じ血の通った人間ではない。だから交渉は無意味。殲滅するのみ」――これに異論を挟むことは「悪魔と同罪」という言説空間が社会を支配してゆく。

私は、ウクライナ戦争が始まるとすぐに、「停戦」の必要性を日本社会に訴えた。

・「プーチン悪玉論」で済ませていいのか　伊勢崎賢治さんの知見
https://mainichi.jp/articles/20220304/k00/00m/040/254000c
・ウクライナ侵攻の出口対談「ロシアを糾弾だけでは停戦は実現しない」的場昭弘・神奈川大学副学長×伊勢崎賢治・東京外国語大学教授
https://dot.asahi.com/articles/-/41630?page=1

「プーチンの絶対悪魔化」に、普段からの保守右派勢力ならともかく、9条護憲を掲げる日本共産党などリベラル左派勢力まで、みごとに「安全保障化」で翼賛《よくさん》化してゆく「緩衝国家」日本に、警鐘《けいしょう》を鳴らしたかったからだ。

戦争に付き物の翼賛化

「専守防衛」という概念は、日本独自の造語である。防衛省が定義するように、「相手から武力攻撃を受けたときに〝はじめて〟防衛力を行使し、その態様も自衛のための必要最小限にとどめ……、憲法の精神に則《のっと》った受動的な防衛戦略の姿勢」であり、9条護憲派も納得する日本の専売特許である。

つまり、敵が〝いきなり〟攻めてきたときには、いくら9条でも自衛権の行使は否定しないだろう、と。

前章でも述べたように、9条を素直に読んだら、「戦うな」、「戦う力も一切持つな」としか言っていないのだが、これが戦後ずっと日本人がやってきた、9条と自衛隊の存在の問題を回避するための「憲法解釈」の一つの落とし所である「専守防衛」だ。この「専守防衛」によって、護憲派は自衛隊が存在しても9条を維持できたし、改憲派は9条下でも軍拡できた。

つまり専守防衛には、「火星人の地球侵略」のようなマインドセットが必要なのである。

今回のウクライナ戦争では、「停戦」を主張する私を非難する護憲派・改憲派の両方が口を揃《そろ》えて、「プーチンという何をするかまったくわからない予測不可能な狂人によって、いきなり2022年2月24日に始められた戦争」という言説にこだわったのだ。

ウクライナ戦争は〝いきなり〟始まったわけではない

2021年9月に、私が監修した一冊の本が出版された。『SDGsで見る現代の戦争』

（学研プラス）という、中学校、高校の学校図書館向けの本だ。第二次世界大戦後の主だった戦争について、なぜそれが起こったのか。その戦争がどういう被害をもたらしたのかをＳＤＧｓで分析するものだ。出版社が特別のチームをつくり、その戦争ごとに地域紛争の専門家にも連絡し、最大限の客観性に気を使った。子どもたちへ残す半永久的なメッセージとなるから、十分な時間と手間をかけたつもりである。

取り扱った国際紛争の数は、47。その中の一つとして、時系列的に最後に掲載されたのが「クリミア危機・ウクライナ東部紛争」だ。ヘッドラインは「国内の分断に、他国が手を出して戦争へ」となっている。

戦後起きた主な戦争をSDGsから俯瞰《ふかん》した図書館向けの書籍。著者が監修。刊行はウクライナ戦争開戦の前。「ドンバス内戦」は時系列的に一番最後に掲載されている。

「いつ、どこで、なぜ？」という本文では、次のように記述している。

【ウクライナはソ連崩壊後に独立すると、親ロシア派住民と親ヨーロッパ派住民がたびたび対立。とくに東部の親ロシア派住民は政府から弾圧され、ロシアへの統合を希望していました。二〇一四年にはＥＵ加盟をめぐって対立が激化。そこにロシアが加わり、武力でクリミアを併合します。ロシアとウクライナは、以前から天然ガスの輸入をめぐっても争っていました】

そして、「どう進み、どんな結果に…？」という見出しで、こう続く。

【クリミア併合直後、ロシアの支援を受けた親ロシア勢力が独立をかかげてウクライナ東部を占拠。ウクライナ軍と衝突が起きました。二〇一五年に停戦合意するも果たされず、二〇二〇年七月、ようやく完全停戦が決定。今後の話し合いに期待が集まっています。また、多くの国内避難民が残されるなど、解決すべき課題も残っています】

「東部の親ロシア派住民は（ウクライナ）政府から弾圧され」という記述には気を使った。それは、はたしてプーチンが言うように「ジェノサイド」と呼べるものだったのか？

前述のガザにおけるイスラエルの行為が提訴された国際司法裁判所の暫定措置のように、そもそも「ジェノサイド」の判定には、相当の時間がかかる。その判定の決着の前には、「ドンバスでジェノサイドがあった」と「ブチャでジェノサイドがあった」という2つの言説のように、きわめて政治的な恣《し》意《い》によって、ジェノサイドの有無は当事者国家間の対立の具になってしまうものだ。

「ジェノサイド」の有無の判定を下すのがこの本の目的ではないので、私たちのチームは国連や人権NGOの報告書を隈《くま》なくあたった結果、虐殺と呼べるものを含め「広範囲のひどい弾圧は確かにあった」ということを確信して、こういう表現になった。

キエフ郊外における子どものための民兵キャンプ。子どもたちは、木製の模造ライフルを、左の訓練兵は本物のカラシニコフ銃を手にしている。（2017年7月8日）

市民動員と子ども兵士

ここで、世界有数のメディアの一つ、AP通信が2017年に公開した記事を紹介する。ウクライナにおける少年兵の問題を扱ったものだ。アゾフ義勇大隊というウクライナの準国家組織が、10歳ぐらいの子どもたちに、父母の熱烈な賛意のもと、「キャンプ」と称して共同生活をさせ、戦闘訓練を施している日常を問題視した記事だ。

【アゾフ義勇大隊の隊員は東部戦線で戦い、極右思想で悪名高い。子ども向けに二週間の民兵プログラムを設けており、八月初旬の時点で八五〇人以上の子どもたちが全国七か所のアゾフキャンプで訓練を受けている。正式にはウクライナ国家警備隊の一員であるアゾフは、もともと寡頭政治家イホル・コロモイスキーによって資金提供されていた事実上の私兵である。現在の資金源は不明で、大隊は個人の寄付に頼っていると述べている。そのメンバーには、戦闘地帯での人権侵害に関する数々の告発がなされている。ヒューマン・ライツ・ウォッチとアムネスティ・インターナショナルは昨年の共同報告書で、アゾフを含む義勇兵大隊による拷問と「その他のひどい虐待」の事実を立証する、信頼でき

る申し立てを受けている、と述べた】

https://apnews.com/article/880ff094ac3a4e699e95f7b45b6dd5e6

ウクライナの名誉のために付け加えるが、ロシア支配下のクリミアでも、同様の子どもの戦闘訓練が報道されていた。こういう戦意高揚のための市民動員は、必ず双方向で過激化するものなので、親ロシア派住民社会のなかでも、そしてロシア国内でも、同じようなことが行われていたことは、想像に難くない。

ジュネーブ諸条約や子どもの権利条約は言うに及ばず、戦時の子どもの戦闘への訓練と徴用は厳禁され、加えて、主にアフリカにおける紛争の国際法廷の判例の集積により、そのような子どもの徴用は戦争犯罪という認識が確立している。アフリカの国々が、もし「戦時」にこれをやったら、即座に国際社会は反応し、何らかの制裁措置を科すだろう。

ところが問題は、「平時」に行われるそれらは、果たして制限されるべきなのか？　日本でも愛国教育をスパルタで施す幼稚園が問題になったことがあったが、平時における子どもの戦闘訓練を違法化する明確な条約と国際司法の判例は未《いま》だないのだ。

しかし、これらの記事が問題視した２０１７年当時のウクライナは、はたして平時か、戦時か？

文中にあるように「ドンバス内戦」の最中であり、「戦時」だった。

この子どもたちは、その後どうなったのか……。

戦争の終結とは領土の奪回ではなく、「民族融和」である

以上、2022年2月24日に始まったとされるウクライナ戦争は、それ以前の2014年から始まったウクライナ東部紛争、つまり大国ロシアが介入していた（ここを強調したい）「ドンバス内戦」の延長である。つまり、ウクライナ戦争は、この段階から、ロシアといわゆる西側（アメリカ、EU&NATO）の対立が生む「代理戦争」だったのである。

だから、「2022年2月に始まった戦争の原因は、それ以前のドンバス内戦にあり、親ロシア派住民が標的となったその内戦が起きた根本の原因に対処しない限り、この戦争に終わりはない」と考えるのが真っ当な学問的姿勢である。

つまり、この戦争の「終わり」とは、親ロシア派住民と親ヨーロッパ派住民の「和解」もしくは「民族融和」が達成されることである。「緩衝国家」というウクライナの地政学上の特質が、これ以上の犠牲を生まないよう、双方の大国からの介入に隙《すき》を与えない、両

派住民の「強靭《きょうじん》な共存の内政」を築きあげることである。
「共存」の旗のもとに一刻も早く復興を開始させる――ここに平和へのロードマップを集約させると、国際社会がなぜ即時停戦の言論空間をつくらなければならないのかが明確になる。

加えて、〝いきなりはじめて〟を必要とする日本の専売特許「専守防衛」が、ウクライナの悲劇を等身大視し、自らを「安全保障化」することは間違いであり、それは即時停戦が必要なウクライナのためにも、そして将来の戦争を「対話」によって予防すべき日本のためにもならない。

「力による現状変更を許さない」だけが国際正義ではない

力による現状変更を許さない。

ウクライナ戦争について日本のメディアでもよく聞かれた言説である。当たり前だ。国連は主権国家の集まりだから、それは国連憲章が求める世界秩序の基本、そして正義である。

しかし国連憲章には、もう一つの正義、そしてそれを支えるメカニズムがある。それが、国連憲章の第11章（第73条）、そして「非自治地域指定」という考え方だ。

「人民がまだ完全には自治を行うには至っていない地域の施政を行う責任を有し、又は引き受ける国際連合加盟国は、この地域の住民の利益が至上のものであるという原則を承認し、且《か》つ、この地域の住民の福祉をこの憲章の確立する国際の平和及び安全の制度内で最高度まで増進する義務並びにそのために次のことを行う義務を神聖な信託として受託する。」

国家主権は大切で、それを地理的に定義するのは領土・領海だから、その安全の保障と自衛が大切なのは、議論の余地がない。しかし一方で、その領有権をめぐって戦争が起きるのだ。それを何とかするのも国連の使命である。

そういう係争地域には、往々にしてその国ではマイノリティーと目される人々が居住し、歴史的に「自決権」を求めている。そういう運動が中央政権によって抑圧されると、解放を求める一つの社会運動になり、さらに「独立」を求めて武力闘争になる場合がある。

そこに近隣国や大国の政治的、経済的利益が絡み介入し、代理戦争の体を呈する。そして、人々への人権侵害が増大し、国際社会は「人道的危機」と目するようになる。そして、国連の「非自治地域指定」というメカニズムが発動され、人権侵害を止める努力が始まる。冷戦時代からインドネシアからの分離独立運動をやり遂げ、2002年に独立を果たした東ティモールは、そんなケースの一つだ。私はその独立前、国連が一時的にその主権を預かり暫定政権ができたときに、県知事の一人に任命され、赴任した。

係争地の住民に将来を決めさせる

東ティモールではインドネシア軍と警察、それが操る民兵たちによって、独立派と目された現地人に対する大量殺戮が起きた。東西冷戦の真っ只中だった当時、独立派は「テロリスト」「アカ（共産主義者）」と呼ばれており、アメリカを中心に西側諸国は、インドネシア政府を全面的に支援し、軍事供与を行ったのだ。そして、西側メディアは大量殺戮の事実に沈黙を貫いた。構造的には、「ドンバス内戦」とまったく同じだ。

ウクライナ戦争においてロシア軍が犯した戦争犯罪や大量殺戮は、それ以前の「ドンバス内戦」中に起きた親ロシア派の人々に対するウクライナ政府による人権侵害と対比して認知されるようになるだろう。P75の「共存」というコンテクストで、ウクライナの真の平和が語られるのは、時間の問題なのだ。

東ティモールでは、冷戦が終わると、そういう西側の態度は手のひら返しのように独立支援に変わった。そして、1999年8月、ついに独立をめぐる「国連監視のもとで住民投票」が実施され、東ティモールの独立が決定し今日に至る。

ウクライナ戦争における領土問題の決着は、ゼレンスキー大統領が表明したような、クリミアを含むウクライナ東部の奪回ではない。ウクライナ戦争に連続する「ドンバス内戦」の原因となった、そこに住む住民の自決権問題の決着である。

決裂してしまったが、2014年に停戦合意として結ばれた「ミンスク議定書」（P92参照）、2015年に再び合意された「ミンスク2」に立ち返り、2022年にプーチン大統領が東部2州の共和国としての独立を勝手に承認したようなやり方ではなく、国連の監視のもとで住民投票を実施し、その結果を国連が承認するというやり方で、住民に帰属を決めさせるのだ。

集団的自衛権の「悪用」を繰り返さないために

今回のウクライナ侵攻で、プーチンが開戦の言い訳にしたのが、ウクライナ東部でウクライナからの分離を求めている親ロシア派の人々が虐殺され、助けを求めている。つまり、「集団的自衛権」の要件を満たしているという前述の「自決権」（国連憲章第73条）を言い訳にした、国連憲章第51条が加盟国に許す「集団的自衛権」の悪用である。

しかし、「人道的危機に瀕《ひん》している大事な友人が助けを求めている」を言い訳にした侵略は、歴史的にロシア（ソ連）、アメリカ双方が繰り返してきたことで、今回のプーチンが初めてではない。アメリカについては、国連憲章第51条が規定するもう一つの自衛権、「個別的自衛権」の要件をウソの証拠ででっち上げ、その行使を正当化した。２００３年のイラクへの侵略である。

だからと言って、今回のプーチンの悪用が正当化されるわけでは、決してない。絶対に許してはならないことである。

しかし、国際法を発展させる人類の営みに希望を持つなら、少なくとも冷戦崩壊後のここ30年で起きた複数の大きな悪用例を冷静に見つめて、たとえば「自決権の保護に託《かこつ》けた軍事侵攻」を禁止する条約の成立に向けて、われわれの思考を開始するべきなのだ。「プーチンだけが悪い」の勧善懲悪的な思考は、それを阻止してしまう。

だから、ここで強く警鐘を鳴らしたい。

勧善懲悪的戦争観は、人道的危機を少しでも回避しようと人類が進歩させてきた国際法を基軸とする「国際秩序」のさらなる発展を阻止する。

新しい冷戦のはじまり

ロシア軍がウクライナ国境に集中し出したのは、侵攻の10か月前の2021年4月だ。その頃から私は、ウクライナと同じ「緩衝国家」のノルウェーの研究所から打診を受けるようになった。ロシアの侵攻が現実のものになったら、他の「緩衝国家」の運命はどうなるのかと。

そして同年12月、私はノルウェーに招聘《しょうへい》された。そのときには、ロシア軍の集中はすでに10万人に達し、集まった研究者たちの緊張感はハ

2021年12月、ノルウェーのトロムソ大学に集まった国際関係論、国際政治学の研究者たち。ロシア人研究者も参加した。　著者提供

ンパではなかった。その意味でも、この戦争は「いきなり」ではない。

ロシアからの研究者も参加し、われわれは明確に新しい冷戦、ニュー・コールド・ウォーが始まるという共通認識を持った。プーチンはやる、ということを明確に予測したのだ。旧冷戦が終わった後、どんどん加速していったNATO・アメリカのNATOの東方拡大。その積年の恨みを晴らす晴れ舞台は、アフガン二〇年戦争でNATO・アメリカが惨めな敗走をした直後の今しかない。プーチンがこの好機を逃すわけがない。「敵には新しい通常戦争をやる余力も国民の支持もない」と踏むはずだ。私たちはそう予測した。

そして、アメリカがウクライナにできるのは、2014年のロシアのクリミア侵攻後から続いていたウクライナへの兵器供与を加速するぐらいだろう、と。つまり、この戦争は、最初からアメリカNATOが自らの血を流さない「代理戦争」になるだろうと。

「安全保障化」が生む「言説空間」と「現実」のギャップ

「安全保障化」を仕掛けるアクターは、脅威の存在を訴える「言説空間」が必要だ。その脅威が持つ「能力」を誇大《こだい》に見せかければ、オーディエンスの恐怖は増大し、「安全保障化」による政治目的は達成されてゆく。

プーチンがウクライナの「非ナチ化」を言い出したのは、たしか開戦前の2021年の9月か10月ぐらいだった。強烈な声明だ。そして、これは「プーチンの野望」、つまりプーチンの戦争の上位目標として、日本を含む西側社会の言説空間を支配した。

その年の12月にノルウェーに集まったとき、私たちはその言説空間と現実、つまり流布される「プーチンの野望」と、それを達成するロシアの「能力」とのギャップに注目した。ギャップとは何か。

非ナチ化を達成することとは、すなわちウクライナの体制転換、レジーム・チェンジすることである。それには広範な軍事占領を敷かなければならない。それもアフガニスタンにおけるアメリカ・NATOのように、かなりの長期間にわたって。はたしてロシア一国でそれができるのかという話である。

軍事占領の主体は陸軍である。同席したロシア人専門家によると、実動する正規のロシア陸軍は30万人程度。もちろん、ロシアはあの広大な国土に軍事上の緊張をいろいろ抱えているから、一つの目的のために全員を動員することはできない。そうすると、ウクライナ侵攻にあたって投入されるのは、その正規軍の一部とリザーブ（予備役）。加えて、ワグネルなどの傭兵、そして部分的な徴兵であろうと。

100万、200万人が動員された、かつてのレッド・アーミー（赤軍）のようにはならないのか？　私がそう聞くと、「プロフェッサー・ケンジ、忘れないでくれ。ロシアって民主主義国家なのだ」と。頑張って動員しても、多分60～70万程度だろうと、ロシアの専門家は試算した。

それだけ動員できたとしても、はたしてウクライナを一定期間、軍事力で平定できるのか。ウクライナの人口は4300万人である。アメリカ・NATOが束になって臨んだ人口4000万人のアフガニスタンでは、多国籍軍として動員できたのは、ピーク時で最大20万人程度。加えて、せっせとアフガン国軍をつくり、最終的には30万人に。さらに加えて、ほとんど歩兵と変わらない警察部隊が25万人程度。それが、20年を経てコアファイター5万人のタリバンに完敗してしまったのだ。プーチンは、その顛末《てんまつ》をしっかり認識しているはずである。冷戦期には、ソ連自身の痛い経験があるのだから。

軍人の本音

この議論のベースになったのが、第5章でも言及するが、私が2017年に出席したアメリカ陸軍太平洋総司令部が主催した「太平洋陸軍参謀総長会議」での試算である。

親米32か国の陸軍のトップだけが集まったその会議では、斬首《ざんしゅ》作戦で金正恩《キム・ジョンウン》体制を崩壊させたとして、はたしてアメリカとその同盟国が人口２５００万人の北朝鮮に占領体制を敷くことができるのか。それにはどのくらいの兵力が、どのくらいの期間必要か。こういうシミュレーションを小グループで行ったのだ。

結論は、平和裡《り》に占領を遂行するには占領期間中、常時80万人ぐらい必要だろうと。そして、それはわれわれアメリカとその同盟国のキャパを超えていると。当時は、イラクもアフガニスタンも同時進行していたのだ。

この会議がもたれたのは、トランプ大統

2017年9月19日、韓国・ソウルで開催された太平洋陸軍参謀総長会議。　著者提供

領がツイッターで米朝開戦を示唆して世界を震撼《しんかん》させ、日本も「安全保障化」の言説空間にどっぷり浸かっていたときであったが、これがアメリカの「陸軍」の「現実」に対する冷静な見解である。アメリカは決して一枚岩でないのだ。そして、これが、「休戦中」の朝鮮半島が、数々の武力衝突があるものの、全面的な陸戦の戦場になることをかろうじて抑止している要因の一つである。

プーチンの上位目標とは何か

それでは、プーチンの真意とは何か？　本当の戦争の上位目標とは何か？

ノルウェーの会議で、ロシア人専門家は、それは多分ウクライナの「内陸国化」であろうと予想していた。

侵攻前にロシアが実効支配していたのは、東部ドンバスの二つの州とクリミアであった。それらを含めて、黒海沿岸部を太く回廊化し、それを西にモルドバ、ルーマニアにまで拡大する。そうすれば、ウクライナを黒海から遮断し内陸国化できる。全国土を占領しなくても、黒海の権益のすべてはロシアのものになる。これが、本当の戦争の上位目標であるとすると、現況では、その八割方はすでに達成している。

ロシア人専門家は、さらにもう一言加えた。

プーチンは、ロシア軍を首都キーウに進軍させるだろうが、結果的にそれは陽動作戦になるのではないかと。

侵攻前の「ドンバス内戦」でウクライナ軍の大半は東部に張り付いているので、首都がやられるとなると、そっちに駆けつけざるを得なくなる。結果、東部が手薄になり、「内陸国化」に有利に働くだろうと。首都への進軍では、当然多数のロシア兵が命を落とすことになるだろうが、あの冷血なプーチンは、何とも思わないだろうと。

ロシアが個別的自衛権を言い訳にしだす前に

「一刻も早い停戦を」

この章の冒頭で述べたように、2022年2月24

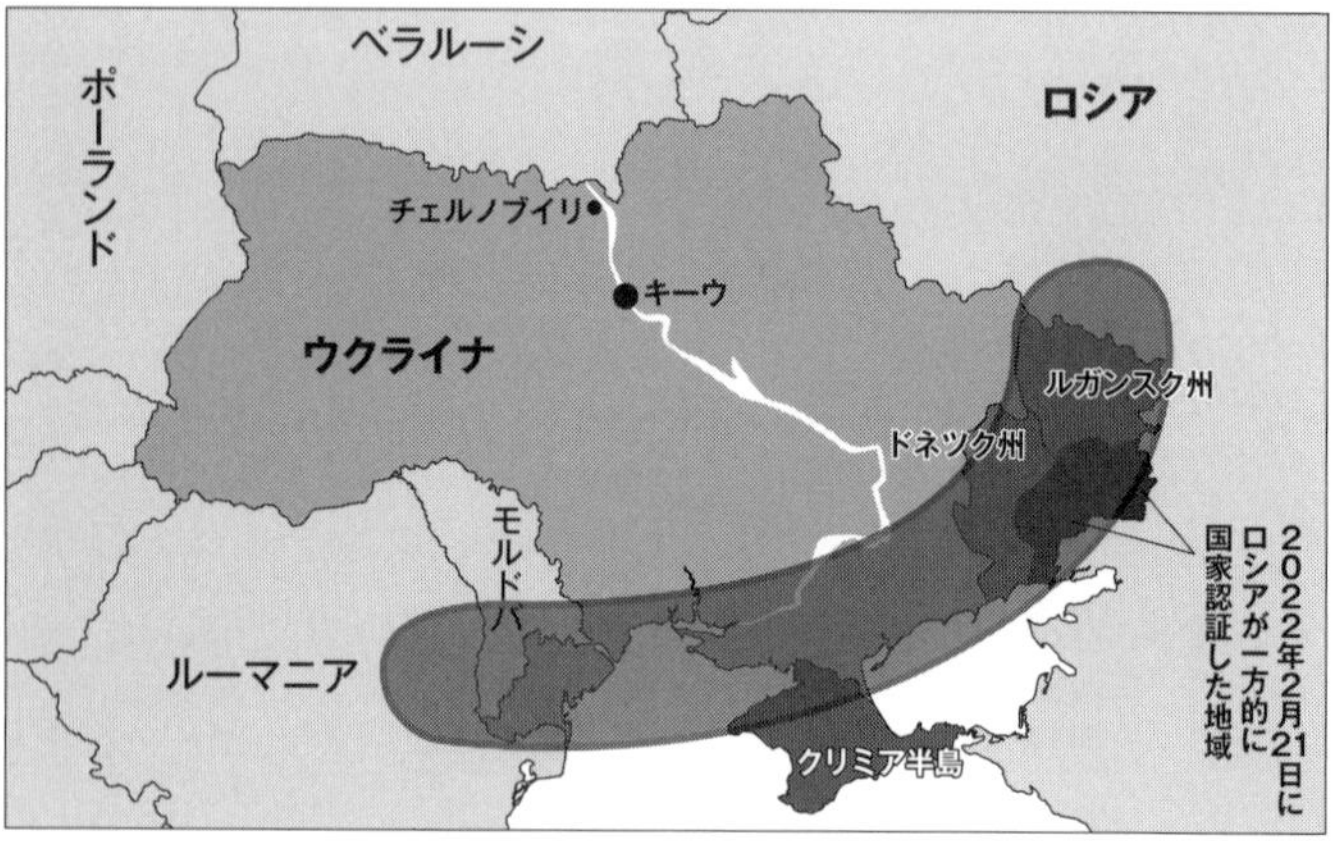

プーチンの狙うウクライナの内陸国化。

日のロシアによるウクライナ侵攻の直後から、私は一貫して、このことを訴えてきた。

こう主張すると「ロシアの侵略を認めるのか」という声が飛んでくる。

認めるわけがないだろう。

私の実務家としての半生は、常に、超大国（私の場合、アメリカである）が国連憲章を悪用することによって生まれた現場に身を置いてきた。加えて、その悪用が生んだ「敵」に命を狙《ねら》われる立場での任務だ。だから、私には、身を挺《てい》してこれを訴える資格があると思う。ロシアがやったことは、前述の通り、国連憲章の悪用であり、決して許されてはならないことである。

しかし「停戦」は「終戦」ではない。人命を一人でも多く救うため、とにかく「戦闘を停止する」こと。

そして、領土の帰属問題、戦争犯罪の裁定などの正義の追求は、停戦後に一つ一つ最大限の中立性を演出しながら実行する。そうして「民族融和」へ導かれる復興と同時に、戦争で壊れてしまった社会正義を修復すること。こういう考え方が後に詳述する「移行期正義」である。

もしウクライナ軍の反撃が功を奏して、東部の2州はおろかクリミアからもロシア軍を追い出したとしよう。そうなるには、そうなる以前から、両軍の軍事勢力の均衡線は、ロシア領内に深く切り込んでいるはずである。元の国境の外にロシア軍を追い出すには、その兵站路《へいたんろ》を含めて深くロシア領内のロシア軍の拠点を攻撃していないと不可能だからだ。

ロシア領内の被害が増大すれば、ロシア側は当然、個別的自衛権の行使を全面に（とくにロシア国民に向けて）据えてくる。

この戦争を始めるプーチンの理屈はこうだった。ウクライナ東部のロシア系住民が民族自決権を要求し、ウクライナ政府から迫害を受けていた。ロシアはそれを助けるために国連憲章51条の「集団的自衛権」に則《のっと》って、戦争ではなく特別軍事作戦を始めると。

ウクライナ軍によるロシア領内への攻撃が激化すれば、今度は、国家が自国民の保護という最も基本的な「個別的自衛権」の行使を建前に、陸上戦における消耗を回避するために、ウクライナ領内への空爆を今以上に激化させるしかなくなる。そして、当然のこととして窮地に陥るウクライナ側は、ロシア軍が主要な前線で集中させている軍事力を分散させるために、首都などの主要都市を、通常の陸上戦ではない方法で攻撃し始めるのだ。

通常戦力でない攻撃方法とは、これはすでに始まっていることだが、非正規な組織でも引き起こせるもので、被弾した国家（ロシア）は〝卑劣なテロ攻撃〟と喧伝できるものだ。

いやおうなしに、個別的自衛権の行使を希求するロシア国内の世論を高調させる。そして、〝卑劣なテロ攻撃〟が発生する場所とタイミングによっては、「最終戦争」つまり核使用を誘発する可能性も。

前章で扱ったアメリカが保護するイスラエルの「自衛の権利」もまたしかりである。「自衛」は非常にナイーブな言説であり、高度に「安全保障化」された社会で、それは、ジェノサイドをものともしない獰猛《どうもう》な好戦感情をつくりだす。ロシア国民の大多数が、国連憲章第51条の「個別的自衛権」によるウクライナへの攻撃を支持するようになったら……。

核戦争の抑止

9・11アメリカ同時多発テロ事件直後の2001年12月。陸上や海上の小さな局地戦から通常戦の総力戦、その後に核戦争になるという、いわゆるエスカレーション・ラダーの定説をこえて、いきなりインドの首都デリーの国会議事堂（それも国会開催中）が攻撃された。これはパキスタンを拠点とするイスラム過激派によるテロ攻撃であるとインドは断定し、インドは「核の先制不使用」を宣言している国であったが核使用の可能性を否定せず、これに反応してパキスタンは核使用を示唆するまでに緊張は高まった。休戦が維持されていた軍事境界線上のカシミールでの戦闘再開を飛び越えて、核兵器使用の現実味が最高潮に達し、パキスタン側では日本を含むすべての先進国は大使館を閉鎖し、脱出する事態になった。

注目すべきは、ここで事態を収めるシャトル外交をやったのが、アメリカのアーミテージ、そしてロシアのプーチンだったことだ。

話をウクライナにもどす。たしかにウクライナの反転攻勢が功を奏している局面もあった。しかし、ゼレンスキーの「クリミア侵攻前の状態を取り戻す」という言説は、欧米からの軍事支援の枯渇《こかつ》と相まって、〝卑劣なテロ攻撃〟に頼らざるを得なくなる。それが首都を含む主要都市に多発したとき、もし「個別的自衛権」を希求するロシア国内世論の趨《すう》勢《せい》が「敵国の息の根を止める」まで高まったら？

その狂気の言説空間が支配した戦争の末路であるヒロシマ・ナガサキを経験した日本が、なぜ、即時停戦を率先して呼び掛けられないのか。

ウクライナ人の戦う総意

ロシアとの戦争で犠牲となるのはウクライナ人でも、それはウクライナ人自身の祖国を守る自発的な「総意」なのだから、という意見がある。

ウクライナのオンライン新聞「ウクライナ・プラウダ」で、2023年3月に行われたウクライナ国内の世論調査の結果が記事になった。回答総数の71・8%が、戦争はロシアに対して勝利したときに初めて終わるのであって、侵略国との妥協は不可能であると回答したと。徹底抗戦を熱烈に支持しているわけではない意見が3割近くある。高度に「安全保障化」され、同調圧力が猛威を振るっているはずの戦時の世論としては、驚くべき数字である。

ウクライナ国内の厭戦《えんせん》感情の浸透と、ゼレンスキー大統領への不支持が報道されている現在、徹底抗戦の世論はさらに減少してゆくだろう。

総意とは、一体何なのか？　戦いたくない――それが妥協を意味しても、これ以上の犠牲はイヤだ、平和を望む。そういう声がまったくないと誰が言い切れるのか。ロシアの絶対悪魔化で有権者を「安全保障化」したいNATO諸国の政治家ならともかく、ウクライナ民衆の血の犠牲を「総意」で片付け、停戦を誘導する国際世論の形成を阻止しようとするのが、同じ民衆である日本のわれわれであっていいわけがない。ましてや、安全地帯にいるわれわれが、である。

停戦を訴えることは、ウクライナの人々の戦う意志を侮辱するものでも、揶揄《やゆ》するものでもない。侵略された人々が戦うことにしか正義を見出せない戦時の状況に置かれていることは、本当に同情するしかない。しかし、「勝利する」という同調圧力の熱狂の結果、日本はどういう末路を迎えたか。

末路を現実視することは、決して愛国心の敗北ではないということを、ウクライナの人々に訴えるのはわれわれ日本人の責務ではないのか。

「双方の顔が立つ」落としどころを探ることが停戦

実際にどのように停戦を実現していくのか。

参考にすべきは、2014年にウクライナ東部ドンバス地域をめぐる紛争の和平合意として結ばれた「ミンスク議定書」のプロセスである。

このときは戦闘地域の中に、国際監視下で両軍の兵力を引き離す「緩衝地帯」がつくられた。まずはその中での軍事活動を禁止する。そうした「緩衝地帯」を複数つくり、点をつないで「帯」にするように停戦状態を広げていく。

たとえば、激戦区として盛んに国際メディアを賑《にぎ》わせたドネツク州バフムト。あるいはすでに国際原子力機関が常駐するザポリージャ（原発周辺半径何キロというように）。手始めにこれらを緩衝地帯に設定することを一つの可能性として考えてみよう。

現在の戦況でバフムトの大部分、そしてザポリージャ原発を占拠しているのはロシアである。当然、ロシアが無条件で撤退に合意するとは思えない。だから、交渉カードとして、G7からウクライナへの武器供与の停止を「秘密裏」に提案するのだ。

これならば「ロシア軍を撤退させた」とウクライナ側の顔が立つ。同時に「G7の武器供与を停止させた」とロシア側の顔も立つ。「両国の顔が立つ」落としどころを探るのが、停戦交渉の最も重要な鍵である。

繰り返す。「秘密裏」にだ。

私は、停戦、その先に問題となる武装解除、そしてそれらの実現に必要となる非武装緩衝地帯の確定やその維持、そういう実務を生業《なりわい》にしてきた。「言説空間と現実のギャップ」を常に意識する、いや意識しなければならない現場に身を置いてきた。

実務家は、紛争の当事者の間に入って交渉する際、「言説空間」にできるだけ情報を与えないようにする。それぞれの当事者たちは、「敵に弱みを見せるな」というそれぞれの言説空間を背にして交渉に臨むのだから、交渉の内容が伝わってしまうと、それらが喧《かまびす》しくなる。双方の言論空間は、それぞれの正義で極度に煽《あお》られているから、最悪、交渉者が後ろから刺される状況を招く。

高騰するナショナリズムに邪魔をさせない交渉：ノルウェーの教訓

前述のように私は、ノルウェーで長く研究者の人脈を築いてきた。この国はNATOの創立メンバーで、冷戦期は加盟国中唯一、ソ連と国境を接していた。その国境があるノルウェー北部は「北極圏」に含まれ、その国境のロシア側のすぐそこには、ロシア海軍の北方艦隊と原子力潜水艦の基地であるムルマンスクがある。そして、その国境は、バレンツ海を望む。地下資源や漁業資源が豊富で、もちろんロシアにとって軍事戦略上、たいへん重要な海域である。

ロシアとノルウェーは、この海域の領有権問題を40年以上も抱えていたのだが、2010年に、中間線の確定ということで合意に達した。アメリカの最重要軍事同盟国が、アメリカの敵ロシアと、外交手段だけで領有権問題を決着したのだ。

現在はというと、ウクライナ戦争のおかげで、ノルウェー、ロシア間の関係は緊張しているが、当時のノルウェー側の交渉官と話す機会があった。

ロシア側交渉団との間で、交渉の内容を絶対に外に漏らさないという鉄則を貫いたそうだ。特にメディアに気を付けると。

領有権問題であるから、もちろんロシア社会は敏感であり、ノルウェー側も例外ではない。どんな社会でも、領有権問題は常にナショナリズムを刺激し、外交努力の障害となる。

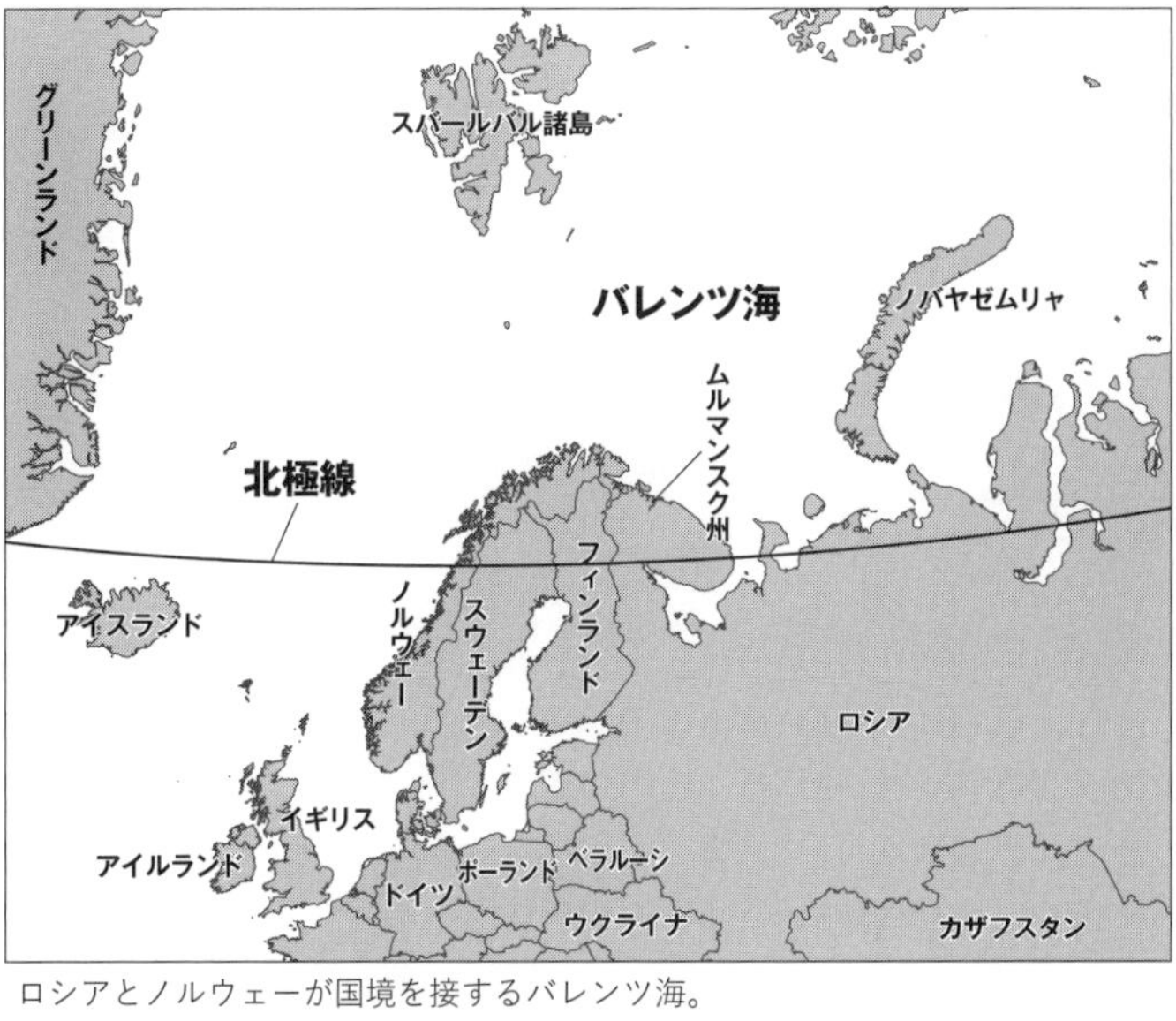

ロシアとノルウェーが国境を接するバレンツ海。

私が経験してきた停戦と武装解除の交渉でも同じである。どんな小さな武装組織でも、今まで命をかけて戦ってきた大義がある。停戦と武装解除は、その大義を成就半ばで、ある意味、諦《あきら》めさせることである。そして、私たち実務家が交渉するのは、そのトップとである。

そういう交渉が可能になるのは、戦況がある程度膠着《こうちゃく》したときだから、当然、その武装組織の指揮命令系統もかなり疲弊している。そうすると、いわゆる「スプリンター・グループ」の問題が出てくる。「上」に不満を鬱積《うっせき》させている内部勢力の分派活動である。彼らが反乱を起こすと、交渉は決裂する。だから、そういう勢力が組織化する時間を与えないように、それぞれの内部の権力構造に気を配りながら交渉を極秘に進める。そうして合意の発表後にも主だった反対運動ができないようにするのである。

国際停戦監視団への期待と現実

両軍を引き離した緩衝地帯には、中立・非武装の国際監視団を投入する。

1国ではなく多国籍からなる監視団が武器を持たずにそこにいることで、「攻撃すれば国際社会への攻撃と見なす」というメッセージを双方に発信し続ける。

インド・パキスタン戦争（印パ戦争）における監視団は、この先行モデルになるかもしれない。

ここでの軍事境界線は、カシミールという民族自決権と分離独立問題を抱えている地域に引かれ、停戦状態が維持されている。自決権問題の係争地が主戦場になっている点で、ドンバス問題のあるウクライナ戦争に大きな示唆を与えると思う。

第1次印パ戦争は1947年に起きた。国連の印パ軍事監視団が発動されたのは、翌1948年。この国連印パ軍事監視団は武装せず、監視のみのマンデート（任務）を与えられている。国連平和維持軍のように武力衝突の軍事的抑止機能はない。要員は100名程度だ。

1949年には、帰属問題を決めるための住民投票の実施を国連安保理が決議しているが、残念ながらインド側はこの住民投票の実施を現在まで妨害している。特にムスリムが多いカシミール・バレー地区で、もし投票が行われれば、インドへの帰属は支持されないことが明白だからだ。

そして、監視団のプレゼンスがありながら、〝平和〟には至っていない。停戦がずっと〝継続〟している状態である。そして戦闘を抑止できていない。第2次印パ戦争は、19

65年、第3次は1971年に起き、停戦ラインが再設定されている。そして両国が核を保有してからも、1999年のカールギル紛争では、両軍で数百名が死亡している。

このような理由で、「有名無実」とよく揶揄される国連の停戦装置なのだが、それでも、より多くの市民を犠牲にする「全面戦争」もしくは「消耗戦争」にエスカレートさせない、一定の機能を果たしているという見方もできる。「人命を守る」という観点から考えれば、有効な存在である。そして、これが停戦を希求する行動の根源の動機である。

国際監視団の失敗

停戦監視団の現実性を展望するとき、私たちが想定しておかなければならないのは、停戦は、終戦を迎えず、戦争を長期化、固定化し得るということだ。つまり、紛争の解決や講和に至らず、「休戦状態」として停戦現状が恒久化するかもしれないということだ。休戦の例をあげるなら、日本の隣、朝鮮半島の38度線上にある朝鮮国連軍だ。これについては第6章で詳細する。

紆余曲折《うよきょくせつ》の末、停戦が合意され、国際監視団がつくられても完全に失敗するケースもある。何の成果も上げられずに。それがシリアだ。

まだシリア紛争が「アサド政権vs反体制派」という単純な構造だったとき、2012年4月に安保理決議によって、国連とアラブ連合の合同特使としてコフィー・アナン前国連事務総長が停戦の交渉にあたった。係争地帯からシリア軍が撤退し、それを受けて反体制派も停戦するという合意に向けて動き出し、250名ほどの国際監視団が組織された。非武装である。

だが同年6月に停戦監視団への攻撃が始まり活動は停止。その後、第1章に登場したラクダール・ブラヒミ氏が国連特別代表に任命されたが、彼も2014年に辞任するなど紆余曲折の道をたどり、停戦監視は消滅する。ISISなどの出現によって「紛争構造」はさらに複雑化し、今に至る。

中立であるはずの停戦監視団へ攻撃が始まるのは、紛争当事者の双方、政府や武装勢力の指揮命令系統が脆弱《ぜいじゃく》化し、政治合意としての停戦命令が双方で効力を失う時だ。たとえば正規軍から離脱する「スプリンター・グループ」や、非正規軍事要員、つまり義勇兵・傭兵《ようへい》の存在が問題となる。後者については、今回のウクライナ戦争では、アゾフ義勇大隊、ワグネルなどが、ウクライナ側・ロシア側双方において、開戦当初から主要なアクターであり、正規国軍との指揮命令系統の混乱が問題になっていた。これは国際監視団にとって最も大きな脅威になり続けるだろう。

ミンスク議定書の失敗の教訓を活かす

監視団はできる限り「中立」な立場であることが重要である。

ミンスク議定書はすぐに決裂し戦争が激化してしまった。監視団の構成が欧州安全保障協力機構（ＯＳＣＥ）主体でロシア・ウクライナと関係が深い国々も多く、中立性が低かったことが原因の一つではないかと考える。

国際監視団の構成員は、紛争当事国はもちろんであるが、それらと深い関係のある国々は避けるべきだ。停戦は、頻繁に起きる小規模な戦闘の発生によって決裂に至ることが多々ある。だから、それらの発生を、一つ一つケースとして、中立な立場で綿密に記録し、停戦決裂に至る大事に発展させないように仲裁する作業を繰り返す。これが監視団の機能だからだ。

だから、この場合の監視団は、ＯＳＣＥではなく、国連の主導で世界に広く参加を呼びかけるものでありたい。

よく「国連安全保障理事会は大国が拒否権を発動して実効的な決議ができず、機能不全に陥っている」と言われるが、1956年の第2次中東戦争（スエズ危機）のときに国連総会が果たした歴史的な役割は特記に値する。安保理常任理事国であるイギリスとフランスが戦争当事国になって安保理が機能不全になっていたとき、カナダのピアソン外相（この功績でノーベル平和賞受賞）の掛け声のもとに国連総会が国連緊急軍を発動し、これが後の国連平和維持活動の原点となったのだ。

それに遡《さかのぼ》るのが、1950年に決議された「平和のための結集決議（Uniting for Peace：U4P）」で、安保理が拒否権で機能不全に陥ったとき、国連総会に緊急特別審議を可能にするものである。

2023年6月にはインドネシアのプラボウォ国務相がウクライナ戦争の停戦案を示し、「わが国も国際監視団に人員を出す用意がある」と明言した。南アフリカを中心とするアフリカ7か国も停戦仲介の用意があると表明している。第2次中東戦争のときに「中堅国家」カナダが見せた主導力を、今日では「グローバルサウス」の旗手が担う……。このようなシナリオを思い描きたい。

その際、日本の役割は？

日本は、すでにロシアから「非友好的な国と地域」に指定されているが、サハリンで石油・天然ガスをロシアと共同開発するプロジェクトは継続し、外交的には対立しても経済的には部分的に協力する「政経分離」を維持している。「曖昧《あいまい》」といえばそれまでだが、日本外交の特性でもある。国連主導の国際監視団に非武装の自衛隊員を提供することで、グローバルサウスのリーダーシップを側面支援するべきである。

停戦後のウクライナの治安分野改革

ここまで破壊が進んだウクライナをどう復興するか。基幹インフラ再建などの経済・開発面での復興は、ロシアにどう戦後賠償をさせるかの議論を含め、すでに準備が始まりつつあるようだ。

一方で、難航するのが確実であるウクライナのNATO加盟の代わりに、ゼレンスキー大統領が当初から要求しているSecurity guarantor countries「ウクライナの安全を保障する構成国」をどう構築するかの問題がある。日本政府にも要請がなされ、2国間対話がすでに開始されている。

構成国がどのようになるにしても、それは、国軍を中心とするウクライナ自身の安全保障体制を補完する機能を担うだけである。主役は、ウクライナ国軍である。であるから、支援国にとっては、ウクライナ自身の治安維持装置の単純化、もしくは整備が必要になる。当たり前だ。国家の指揮命令に必ずしも帰依しない武装グループが跋扈《ばっこ》する状況で、支援はできないし、するべきではない。

「ドンバス内戦」時から問題であった前述のアゾフ義勇大隊に象徴される準国家組織、そして戦争中に膨らんだ義勇兵勢力。これらをどうするか。武装・動員解除、社会への復帰事業。そして、部分的に国軍と警察への編入を行うと同時に、国家の安全保障体制の再構築を進めなければならない。もちろん、それらを実施する手順は、支援国の合意のもと、透明性が確保されたものでなければならない。

このような、戦後の国家の軍事構造の再編成を、SSR：Security Sector Reform（治安分野改革）という。日本には私が関わったアフガニスタンや、現在進行するフィリピン・ミンダナオにおいて、武器や装備などの軍事供与を行わずに、SSRの政治面を主導した確たる実績がある。日本の役割に期待したい。

第3章

どうやって最速の停戦を実現させるか

～日本人は、まず、国際法の誤解を解け

即時停戦の世論を形成するためのロビー活動

繰り返すが、日本の戦争をめぐる言説空間は、〝いきなりはじめて〟を唯一の必要要件とする「専守防衛」という憲法論議で生まれた特有の考え方に支配されてきた。とくにウクライナ戦争においては、これが保守改憲派、リベラル護憲派の双方を「安全保障化」し、開戦にいたる背景の分析を阻止し、停戦のための世論形成を拒《こば》んできた。

【ガザ・ジェノサイド】においても、それ以前から連綿と続くイスラエルによる一方的な武力侵攻の中で起きた「奇襲反撃」であるはずのハマスの行為を、〝いきなりはじめて〟の「テロ」と印象操作し、イスラエルの非道性を訴える論調でも、ハマスによる「テロ」への糾弾を前置きにする傾向を生み出している。

私は、即時停戦の形成・交渉を推進する世論を形成するためにロビー活動をやってきた。そのなかで、とくにウクライナ戦争に関して、「侵略され、戦禍の真只中《まっただなか》で血を流している人々に停戦を呼びかけるのは、あまりにも不条理ではないか」というお叱《しか》りを受けることがある。もっともな批判である。私のロビー活動は、あくまで、どんな理由があれ戦争を選択する指導者たち、並びに戦争回避のための外交を怠り「安全保障化」に走る指導者たちを戒めることを目的にしている。そして、安全地帯から戦争の継続を推進する取り巻き勢力、とくに日本の指導者とその国民に向けたものである。

だからこそ、ここで、日本人が陥りやすい国際法への誤解を再確認したい。

ウクライナは被侵略国でも紛争当事者である

武力紛争を法治する国際法は、歴史上、2つの考え方でなりたっている。

ひとつは戦端を切る口実を限定した開戦法規である。現代のそれは、現状変更のための武力行使と威嚇《いかく》を厳禁しながら、国連としての集団措置に加えて、個別的・集団的自衛権の行使を、例外的に、しかし固有の権利として認める国連憲章第51条である。

もうひとつは、そうやって戦端が切られた交戦のなかで発生する違反行為を定める交戦法規だ。ハーグ条約やジュネーブ条約など、第二次大戦前から戦後の今日まで積み重ねられてきたものの総称で、「国際人道法」と呼ばれる。その違反行為が、いわゆる戦争犯罪とされ、分かりやすいものとしては、市民への無差別攻撃や捕虜の虐待・殺害である。

今回のロシアによるウクライナ侵攻では、ロシア側は「自決権」を盾に開戦法規を「悪用」したことは前述の通りだ。実は、ウクライナ政府は、「ロシアが東部の2つの州でウクライナ政府によるジェノサイドが起きていると主張し、それを理由にウクライナへの侵略を正当化させている。これを止めさせてほしい」と国際司法裁判所に訴えている。2022年3月に同裁判所が出した暫定措置命令は「即刻、武力侵攻を停止せよ」であった。国連の最高司法は、今回のロシアによる「開戦法規」の悪用は明確に「違法」と判断したことになる。ちなみに、ジェノサイドの有無については裁定せず、ウクライナ、ロシア両国が加盟するジェノサイド条約に則《のっと》って、その判断を同裁判所に付託せよとしている。

ここで注意しなければならないのは、そうやって戦端が切られ、ウクライナ側が応戦する戦闘のなかで、ウクライナにもロシアと同じように交戦法規を厳守する責任があるということだ。侵略の被害国であるからといって免責される戦争犯罪はない。「紛争当事国」とは、その交戦法規の中で言われる「Party to an armed conflict」であるから、ウクライナとロシアの双方が、国際法上の紛争当事国となる。

日本では、「ウクライナは侵略されたのだから紛争当事国ではない」というナイーブな論調が見られたが、即刻、是正すべきである。

武器供与国は紛争当事者か

それでは、武器をウクライナ側に供与している米国を中心とするNATO諸国は、はたして紛争当事国か？

今回に限らず、冷戦時代でも、外国が紛争当事国に武器支援した例はある。ベトナム戦争ではソ連と中国が北ベトナムを支援した。1970～80年代のソ連とアフガニスタンの紛争でも、アメリカはソ連軍と戦うムジャヒディーン（イスラム戦士）に武器を流した。

前述の戦前のハーグ条約では、他国の戦争からの「中立」を定義する条項があり、紛争当事国は武器の移動を含めて中立国を侵害してはならないとする。

では、①中立国は紛争当事国の一方を応援した時点で、国際法上の中立性を失い、紛争当事国の一つになるのか？

そして、②中立性を失った中立国は、もう一方の紛争当事国から、交戦法規上の攻撃対象となるのか？

これは、国際法上の議論として難しいものがあり、まだそれを明確に言い切る条約は出現していない。けれど、同じハーグ条約では、たとえそれが間接的であろうと、中立国が装備の供与を含めて紛争当事者の戦争に関与することを厳禁している。よって、上記の問い①の答えは、武器支援国は、今のところ直接的な紛争当事国ではないといえるが、後に言うように戦況の進展によっては、そうなる可能性を自覚しなければならないと私は考える。防衛装備移転三原則を駆使して装備をウクライナに移転した日本は、その覚悟を持つべきである。

武器供与国への攻撃が始まる前に

一方で、こうした議論が、今回のように明らかに開戦法規違反を犯したロシアを非難し、その犠牲となったウクライナを国際社会が支援することを阻害するのか、という問題が残る。

１９９０年、イラクがクウェートを侵攻した湾岸戦争では、国連憲章に基づき安保理決議で多国籍軍が派兵され、「国連が紛争当事国」になった。１９９９年には、国連事務総長の告知という形で、国連決議で発動されるＰＫＯを含む国連多国籍部隊を派遣する加盟国に、紛争当事国として交戦法規を遵守する義務が課せられた（残念ながら、日本の自衛隊のＰＫＯ部隊派遣には、いまだこの自覚がない）。

第三国が紛争当事国の一方に武器供与などの支援をしたとき、その中立性は失われるとする第二次世界大戦前からの伝統的な国際法と、集団的自衛権や集団的措置を権利・義務として保護する国連憲章との間には齟齬《そご》があり、これは国際法のさらなる発展に期待しなければならないグレーな部分だ。

そのなかで、アメリカやNATO諸国の武器供与が高性能な射程距離の長い兵器にシフトしていった状況で、前記②の問いはどうなるのか。

前章で想定したように、ウクライナの反撃が国境を超えて大規模にロシア領内へ及び、ロシアが国連憲章第51条の「個別的自衛権」を主張し出すとき、武器供与国を攻撃する根拠も生み出すのだろうか。とくに、武器支援の前線基地であるポーランドに対してロシアが戦端を切る戦況の出現が懸念される。

NATO加盟国であるポーランドが攻撃を受ければ、軍事同盟であるNATOはその憲章に則り「集団防衛」を発動せざるを得なくなる。それは、核使用の悪夢を想定せざるを得ない世界大戦である。この意味においても、対話・外交交渉による即時の停戦を実現しなければならない。

「不処罰の文化」と停戦

停戦へと国際政治を動かす世論形成のためには、一つのマインドセット（考え方）を社会に定着させることが必要だ。たとえ、それが少数派であってもだ。

それは「停戦は事実行為であり、戦争の結果とは無関係である」という考え方である。領土問題や民族自決権に発する係争地の帰属問題の決着、そして戦闘中に起きた戦争犯罪の裁定は、むしろ戦闘行為が中断されてから時間をかけて真摯《しんし》に扱うべきもの、ということだ。

とくに戦争犯罪について、実務者として指摘したいのは、停戦仲介者に〝不可避的に〟浴びせかけられる糾弾である。「不処罰の文化（Culture of Impunity）を促進する悪魔」という糾弾だ。これに対するレジリエンス（適応能力）を社会につくらなければ、停戦は実現しない。

停戦合意のためには、戦争犯罪などの人権問題は、暫定的《ざんてい》に「棚上げ」をしなければならない。強調するが、それは「不処罰」ではない。

戦争は依然継続しているのに、言説としての「戦争犯罪」や「ジェノサイド」は一人歩きし、敵指導者を絶対悪魔化する手段となる。そして、その悪魔との対話を意味する停戦交渉の実現を支持する世論の形成を阻害してゆくのだ。

停戦を仲介しようとする政治意思には、失敗したら「敵を利した」と糾弾される政治的リスクが常に付きまとう。だから、「棚上げ」を理解する世論が一定数でいいから社会に形成されないと、仲介を買って出ようとする指導者を出現しにくくするのだ。

戦争犯罪の裁定の現実

戦争犯罪は絶対に許されない行為だ。しかし、「実際に国際社会はどこまで戦争犯罪を処罰できるのか」という現実を周知させることも必要である。繰り返すが、これは絶対に「不処罰の文化」を肯定するものではない。

実際に起きた3つのケースを挙げる。

一つは、戦争犯罪の「棚上げ」が〝長期化〟するケース。戦争犯罪が棚上げされ、和平に向かう交渉の末、たとえば連立政権ができて、戦争犯罪の被疑者たちがそのまま連立政権の重要ポストに就《つ》く場合だ。

でも情況は安定せず、戦争がいつ再発するかわからない。こんな場合、国際社会は、連立政権の安定のために「棚上げ」をさらに長引かせる選択を暗黙に了解してきた。一例は、私が経験したアフガニスタンだ。

２００１年に一度アメリカがタリバン政権を倒した後、タリバンと同等もしくはそれ以上の戦争犯罪を犯したアフガンの軍閥たちで暫定政権を組閣した。その政権はそのままズルズルと続き、20年を経て新生タリバンによって崩壊させられた。当時の戦争犯罪はいまだに問われていない。

もう一つは、「棚上げ」を〝定着〟させたケース。冷戦時代からインドネシアからの分離独立運動をやり遂げ、２００２年に独立を果たした東ティモールだ。

インドネシア軍と警察、それが操る民兵たちによってジェノサイドと周知される大量殺戮が起きたが、独立後の２００４年に東ティモールはインドネシアと「戦後の両国関係の安定と繁栄のために戦争犯罪の訴追と処罰をせず、〝真実の究明〟にとどめる」という合意に達した。つまり、戦争犯罪の起訴を放棄したのだ。もちろん、この合意は、人権コミュニティからの糾弾を受けたが、現在の両国の関係は、ほぼノーマルである。

三つめは、戦争犯罪を棚上げどころか〝恩赦〟したケース。すでに言及したアフガニスタンで行われた。２００７年のカルザイ政権時に、停戦と政治的和解のためにタリバンと軍閥たちが犯した戦争犯罪をすべて恩赦とする国内法を成立させ、アメリカはこれを黙認した。もちろん人権コミュニティは、「不処罰の文化」を糾弾したが、2021年のアメリカの一方的な「敗走」によって現在に至る。過去に遡って戦争犯罪を裁定する機運は、欧米諸国にはない。

移行期正義を実現するために

私自身は「人権の普遍的管轄権」（P122～123参照）の信奉者だ。それは宗教の教典のように絶対的なものだと思っている。

しかし、停戦の実務においては、概念としての人権の空白期間を設ける、もしくは一定期間だけに限って人権という概念を傷つけることをいとわない、ある意味の冷徹さが必要となる場合がある。しかし、これが世論を支配してしまうと、まさに「不処罰の文化」になるので、それは常に暫定的な措置であるべきだ。だが、それが停戦の実現に不可避なものであることを理解する、冷徹な世論の形成は必要なのだ。

「ロシアと交渉すること自体が、国際正義や秩序を崩壊させる」という意見もあるが、これは本末転倒である。まず、第2章で述べたように「力による現状変更を許さない」だけが国際正義と秩序ではない。

そして、戦争が長引けば、それだけ多くの犠牲、戦争犯罪が生まれるのだ。部外者のわれわれが主張する「国際正義や秩序」のために停戦を長引かせ、ウクライナの人たちの命を奪い続けることが正しいと私は思わない。

だからこそ、停戦がなされ、政治的和解のフェーズに入った段階で、空白状態に置かれた人権の復活、また傷つけてしまった人権を修復する「移行期正義」を実現するための準備作業を、停戦の仲介と同時に開始する必要がある。

その一つが、検死などの戦争犯罪の証拠固めだ。それを行う調査機関の中立性が焦点になる。戦争犯罪が発生したウクライナ領にロシアは入れないのだろうから、ロシアが認めるような第三国をその調査団に入れるという工夫が必要になる。

こういう措置を粛々と履行するために念頭におくべきことは、「推定無罪の原則（有罪が宣告されるまでは無罪と推定する）」だ。侵攻したのはロシアであり、ロシアが犯した戦争犯罪のほうが多いことは予想されるが、推定無罪の原則は、国内の殺人事件であろうが、国家間の戦争犯罪であろうが、すべての法の原則である。

「先に手を出したのはおまえ」では済まない

いま一度、冒頭で説明した開戦法規と交戦法規の明確な違いを日本人は認識するべきだ。開戦法規ではロシア側に明確な非がある。しかし、開戦法規上の違反性は、交戦法規へは引きずれない。「先に手を出したのはおまえのほうだろうが」という言い訳は、戦争犯罪には通用しないのだ。さもないと、真珠湾攻撃した日本は、アメリカによる原爆投下の非道性を訴える根拠を永遠に失う。

ロシアによる侵攻が始まって2か月後の2022年4月、首都キーウ（キエフ）近郊のブチャにおいて、ロシア軍が撤退した直後に数百人の市民の遺体が発見されたとの報道があり、世界に衝撃を与えた。

これと前後して、もう一つの事件が明るみに出た。キーウ近郊で、今度はウクライナ軍とおぼしき兵が、拘束したロシア兵を射殺した映像が公開されたのだ。国際メディアは即座に反応し、ウクライナを全面的に軍事支援している側のはずのNATOの事務総長に詰め寄り、「すべての戦争犯罪は厳粛に対処されなければならない」という言説を引き出した。

(https://www.theguardian.com/world/2022/apr/07/video-appears-to-show-ukrainian-soldiersshooting-russian-prisoners-of-war)

ここで重要なのは、戦争犯罪を犯した国家にまずそれを裁く管轄権があるという原則である。つまり自らが犯した犯罪を自らの国内法廷で裁くという、法治国家としての責任である。反政府武装勢力の場合は、その組織の性格上、それを期待することが現実的でない場合が多いのだが、ロシアやウクライナのような国家の場合は、自らの罪をそれぞれの国内法廷で立件することが求められる。

とは言っても、戦争の真最中の当事国では、自らの兵士を積極的に裁いて国民の戦意を削《そ》ぐようなことは、なかなか叶わない。ほとんどの場合、戦争犯罪の起訴は、国際社会の糾弾の声に押されながら〝戦後〟のことになる。

それでも、国益のために命を賭《か》けた軍隊の名誉を汚すのか、というナショナリズムの声が当然沸き上がるであろう。したがって、自発的な訴追は不十分なものになりやすい。

だからこそ、戦争犯罪を許さないという国際社会の粘り強い持続的な意思と表明は重要で、それが外交圧力となり、国際刑事裁判所による訴追や、国連決議による戦犯法廷の開設（たとえばルワンダ国際戦犯法廷）につながるのだ。

このように、戦争犯罪の裁定の現実は時間のかかる険しい道のりである。だからこそ、今すぐに正義の鉄槌《てっつい》を振り下ろしたいと逸《はや》る気持ちを制御し停戦を実現することが、さらなる戦争犯罪の発生を防ぎ、国際司法での立件に必要な証拠を風化させないために重要なのだ。

一日でも早い停戦を実現することは、「国際正義と秩序」を阻害することではない。それは、開戦によってすでに傷つけられているのだ。だからこそ、「移行期正義」によって、それを手当てしなければならない。そのための「停戦」なのだ。

「経済制裁」とマグニツキー法

2019年11月、私は香港の民主化運動に深く関わる機会を得た。民衆の抵抗が始まってから初の選挙、2019年の香港区議会議員選挙の際に、民主派グループが組織した国際監視団の一員として招かれたのだ。そこで香港政府当局による民衆への弾圧を目の当たりにして帰国した私は、当時トランプ政権が発動しようとしていた「香港人権法」、通称「マグニツキー法」を日本で成立させるロビー活動を始めた。

「マグニツキー」は、当時のレートで256億円ものプーチン政権の横領事件を告発後、逮捕され、一年以上モスクワで拘留されながら暴力を受け続けた後、2009年に獄中死したロシア人弁護士セルゲイ・マグニツキーに由来する。

オバマ政権のアメリカはこの事件を受け、2012年にロシアを制裁の対象とするマグニツキー法を制定し、実施した。

「標的制裁（スマート・サンクション）」。つまり、人権侵害を行った政府内の個人・団体をターゲットに、ビザ規制や海外資産の凍結などを行う制裁法だ。特記すべきは、国民全体に影響を及ぼす、いわゆる「経済制裁」とは一線を画すことだ。加えて、アメリカ一国の判断と責任において、それを実施したことだ。

そして、アメリカのこの「一国由来標的制裁」への法制化は、イギリス、カナダなどの親米国が同時に行うようになり、この動きは「グローバル・マグニツキー」と呼ばれるようになった。

集団懲罰はジェノサイドの動機になる

一方で、私はウクライナ戦争開戦のときから、一貫して国際人道法が最も戒める「集団懲罰」、日本流に言うと「連座」を問題にしてきた。これは第二次世界大戦を経験した人類がジュネーヴ諸条約を結実させた最も大きな歴史的教訓だ。集団懲罰は、ジェノサイド

（大量虐殺）の動機になるからだ。

それでは、どんなことが集団懲罰にあたるのか。ウクライナ戦争のとき、私は「プーチンが悪けりゃロシア人みんな悪いという言説と行動は、集団懲罰にあたる」と主張した。プーチンやその側近の個人をターゲットにした「標的制裁」は最大限に、今以上に強化すべきだが、ロシア国民全体に影響を及ぼす経済制裁は集団懲罰にあたると考えるからだ。

だが、政治家もメディアも、そして学者たちも、ロシア制裁一辺倒で、標的制裁と経済制裁を明確に区別しないことで発生するリスクを語るものはごく少数だ。第二次世界大戦後、人類が様々な国際条約を生み出し、育《はぐく》んできた集団懲罰を忌諱《きき》する力が、ウクライナ戦争を契機に世界レベルで失われてしまった。ロシア人の排斥は当然だと思い込む、芸術家や科学者も行き来できない閉鎖的な世界を出現させてしまった。こうして、集団懲罰に寛容な言説空間がとくに欧米社会で増幅するなか、「ガザ・ジェノサイド」が起きているのだ。

繰り返す。糾弾する政権の下にいる国民の苦悩を厭《いと》わない経済制裁は、国際人道法が最も戒める「集団懲罰」であり、一歩間違えばジェノサイドの動機にもなりえる。

人権の普遍的管轄権

集団懲罰を伴わない制裁措置としての「グローバル・マグニツキー」は、国連安保理の常任理事国の権益が深く及ぶ人権問題に対して、拒否権の行使による「安保理機能不全」を補うものとして定着しつつある。安保理に頼らず、各国が判断して、各国でできる制裁を行い、そういう国を増やすことで、安保理の決議による制裁と同じ効果を生むことを、同法は目標としている。

2024年2月、プーチン政権を批判する急先鋒《きゅうせんぽう》として知られ、刑務所に収監されていた反体制派の指導者、アレクセイ・ナワリヌイ氏が死亡した。この事件を契機に、アメリカは新たな「マグニツキー」を発動しつつある。

しかし、問題が一つある。

「マグニツキー」という名称でこの動きが広まる限り、それは欧米諸国がロシアを糾弾するという既成バイアスを含む行動となる。

しかし、1948年に国連総会で採択された「すべての人間は、生れながらにして自由であり、かつ、尊厳と権利とについて平等である」を第1条とする世界人権宣言は、すべての人間は平等であるというコンセンサスをすべての国家に共有させている。第二次世界大戦の直後にこれが高らかに謳《うた》われたのは、それぞれの国家がそれぞれの正義を掲げ自衛の名のもとに戦い、結果、無辜《むこ》の一般市民を大量に犠牲にしたことを人類が反省し、敵味方の区別なく、個々の人間の安全保障を希求したからである。

その意味で、敵国の人々の人権を思慮することが本来の「人権」である。自国民の人権だけだったら、過激な愛国主義者・主戦論者でも言えるからだ。これが人権の「普遍的管轄権」である。人権問題を恣意的《しいてき》に選択する「二重基準」を許す人権は、「人権」ではない。

日本の「人権外交」

香港から帰国した私は、すぐに当時衆院議員であった菅野志桜里氏に相談し、衆議院法制局のチームと日本初の他国の人権問題に行動を起こす法案作りに取り掛かった。マグニツキー法の日本版である「人権侵害制裁法」を制定するためだ。日本国の判断で、日本国の責任において、入国規制や資産凍結、そして政権への政府間援助を制限する国内法だ。

法案の原案は完成し、立法化に向けて超党派の議員連盟をつくる必要があった。そうして創設されたのが、現在の「人権外交を超党派で考える議員連盟」である（https://

jinken-gaikou.org)。

２０２１年5月14日時点での所属議員総数は83名で、超党派の大きな力ができつつある。立法化が一刻も早く実現するように願うばかりである。

ただ、一つ気がかりなことがある。

その所属議員の内訳にあるように、「単に中国とロシアが嫌いなだけじゃないの」と思わざるを得ない勢力が優勢であることだ。

政治家が、それぞれの政治的信条から人権問題の選択において恣意的になるのはやむを得ない。そして、そういう恣意で選択された人権問題でも、その解決を願って超党派の集まりに集《つど》うことに、何ら異論はない。

しかし、「シオニスト問題」のように、アメリカに都合の悪い人権問題を取り上げることを妨害する勢力が、いくばくかでも垣間見《かいまみ》えたときには、細心の注意をもってそれを排除しなければならない。人権の普遍的管轄権のために。

日本はジェノサイド条約に加盟すらしていない

イスラエル軍によるガザ地区への地上侵攻が始まったとき、グテレス国連事務総長は異例の強さをもって言及した。「ガザへの攻撃は、明確な集団懲罰。明白な国際人道法違反だ」と。日本では、国民のどれくらいがピンときているだろうか。

【あの指導者は悪魔みたいに悪いからそれを選んだ国民も同じように悪い】もしくは【あの民族に属する集団の所業が悪魔みたいに悪いから、それを許容する民族全体も悪い】。繰り返すが、この言説空間が肥大することが集団懲罰の動機となる。集団懲罰の一番激しい発露が「ジェノサイド」である。

集団懲罰を許容する言説空間は、同時に「その悪魔がなぜ生まれたのか」というきわめて学術的な営みをも攻撃し始める。「ドンバス内戦」に言及し、ウクライナ戦争の即時停戦を訴えた私が「親露派」であると、謂《いわ》れのないレッテルが貼《は》られる奇妙な現象が出現したことを記憶に留めてほしい。

さらに、そういう悪魔叩《たた》きだけを先行させる言説の肥大は、現在進行する【ガザ・ジェノサイド】において、ハマスを政治的な交渉相手として停戦を実現する営みを阻止している。その代償は、パレスチナ市民の夥しい命の犠牲である。

一方で、ウクライナ戦争や【ガザ・ジェノサイド】で報道される惨事に対して、ロシア政府やイスラエル政府を糾弾する世論が日本でもそれなりに起こるが、日本人にとって

「灯台下暗《もと》し」的な問題が一つある。日本は、1951年に発効した「集団殺害罪の防止及び処罰に関する条約（ジェノサイド条約）」に批准していない珍しい国の一つなのだ。

国民の大半も、とくに人権に敏感なはずの護憲派勢力も、これをまったく問題視してこなかった。まさか、「9条があるからジェノサイドなんて大それたことは起こるはずない」と思っているのではないかと勘繰らざるを得ない、まったくもって奇異な国が日本なのだ。

「上官責任」を問えない、日本の「法の空白」

たとえば、ジェノサイドが1000人の犠牲者を生んだとして、それは1000件の殺人事件ではない。必ず、それを政治的に、資金的に煽り、その尖兵《せんぺい》となった民衆の手を血で染めさせた指導者、つまり「上官」がいるはずである。

日本では、1世紀前の関東大震災の折に朝鮮人を虐殺した例がそれだ。自警団など民衆だけでなく、警察や軍隊も関わっていたはずだ。しかし、それを命じ、組織的に煽った「上」のほうの人間は誰も罰されていない。

第二次大戦後、国際人道法を基幹として、こういう上位下達の指揮命令下で起きる大量殺戮、戦争犯罪を取り締まる国際条約が発展した。現在では、ジェノサイドのように戦時ではなく平和時でも起きる、そして軍隊ではなく民衆によってでも引き起こされる「戦争犯罪」を定義し、その「上官」を控訴時効なしで「主犯」として追い詰め、量刑も実行犯ではなく、「上官」を起点として科す考え方になっている。

国際人道法の保護法益とは、個人的な恨みや動機で行われる殺人・破壊ではなく、敵国とか民族とかの個人の「属性」を標的にする殺人・破壊から人間を守るものだ。そういう行為は必ず組織的な政治行為であり、だからこそ命令した者を起訴・量刑の起点とする。

何より重要なのは、それを裁く第一次裁判権を批准国に課していることだ。つまり、批准国は単に条約に署名するだけでなく、それを裁くための国内法を整備する責任が発生する。しかし、関東大震災以来、日本はいまだに、この整備が欠落したままである。

日本の現行法、つまり刑法では、手を下した正犯が一番悪者であり、手助けしたり教唆したりする人は共犯であり、正犯に従属する立場として処罰される「共謀共同正犯」となる。つまり「上官」は、条文ではなく「解釈」で処罰される。これが刑法の限界であり、トップではなく、下から順々に処罰していくのは、国際人道法が求めるものとは逆なのだ。まさに「ヤクザの親分と鉄砲玉」の世界が日本なのだ。

日本の一般民衆よりも圧倒的に戦争犯罪を犯す能力を有する自衛隊はどうか。現状の自衛隊法には「抗命罪」、つまり命令に背いたことを罰する法があるだけだ。末端の「兵士」をこれほど非人権的な状況に置く国は、世界広しといえど日本だけである。

憲法論議を超えて法の整備を

もし、「上官責任」を問える法整備をと言ったら、当然与党の政治家は二の足を踏むだろう。それは「上官」である自分たちの責任が問われることだからだ。

だから、まず野党が問題意識を持たねばならないのだが、どうも「戦争犯罪はいけないことだと思うが、それが起きることを想定して法整備したら、本当に戦争が起きてしまうのではないか」もしくは「ひいては憲法問題になってしまうのではないか」と考えているフシがある。こういう思考停止はまさに9条をめぐる神学論争の賜物《たまもの》だ。しかし、この問題への対処は憲法ではなく、刑法や自衛隊法などの法整備で十分可能なはずである。

ウクライナ戦争そして【ガザ・ジェノサイド】によって、日本人の世論でも、「戦争犯罪」や「集団懲罰」そしてその張本人たちをどう罰するかが身近な話題になった。日本の読者、とくに法曹界、憲法学そして国際政治、安全保障の研究者におかれては、ぜひ、自分たちの「足元」を見る契機にしてもらいたい。

第4章

親米国家日本だからこそ
アメリカの戦争を
理解しなければならない

【ロシア】対【アメリカ・NATO】の戦争であるウクライナ戦争

どっちもどっち。

ウクライナも、ロシアも、平和のために「喧嘩両成敗《けんかりょうせいばい》」という言説が話題になった。私の停戦という主張も、こちらに与《くみ》されて批判されたように思う。

ウクライナ戦争が〝いきなりはじめて〟始まったとしたら、そして、ウクライナ対ロシアを「どっちもどっち」で片付けたら、それは私でもウクライナに酷であると思う。軍事力と国力の差は明らかなのだから。

しかし、繰り返すようだが、この戦争は〝いきなりはじめて〟ではない。そして、プーチンがウクライナの後ろにアメリカ・NATOを見ている「代理戦争」である。【ロシア】対【アメリカ・NATO】が、この戦争の基幹構造であり、戦況の趨勢《すうせい》に最大かつ直接的な影響を与えるのは、当事者ウクライナではなく、「代理戦争」のマスターであるアメリカである。

私は実務家として、この世界最強の軍事同盟と付き合ってきた。日本でも、防衛省の統合幕僚学校の高級課程、陸海空の未来の幕僚幹部たちだけが受講する特別講座で、その経験をもう15年以上にわたって教えている。２０２３年には防衛大臣から感謝状が贈られた。こういう言い方をすると、平和運動をやっている読者から見れば、私は「あちら側」の人間なのかもしれない。

ＮＡＴＯは冷戦時代にソ連に対抗するためにつくられた軍事同盟だ。だから１９８９年にベルリンの壁が崩壊、１９９１年にソ連邦が解体すると、敵がいなくなり存在意義を失った形になった。それから30年、私の眼から見たＮＡＴＯは「自分探しの30年」だった。私がＮＡＴＯとかかわったのは30年のうち後半の20年。それも研究者や評論家としてではなく、ＮＡＴＯと一緒に現場で苦悩した実務家としてである。

30年間にわたるNATOの東方拡大。

冷戦終焉後も存続したＮＡＴＯと東方拡大

冷戦時の東西陣営の境界は、この30年で大きく東側に移動した。いわゆるＮＡＴＯの東方拡大だ。ロシアの懐にまで入ってきたわけだ。

「ＮＡＴＯは東方不拡大の約束を破っている」というのがプーチンの主張だが、日本の大部分の識者は「それは嘘《うそ》だ。そんな約束などない」という。実際はどうか。

１９８９年にベルリンの壁が崩壊したとき、ソ連のゴルバチョフ大統領はみずからペレストロイカを発動して民主化・自由化の道を選んだ。この西側にとって都合のいい大統領を守るための首脳・ハイレベル会議が盛んに開かれ、そこで話し合われた内容が公電に記録されている。日本のように公文書をすぐに廃棄するようなことはアメリカではあり得ない。政府の公文書は秘密文書であっても、国民の財産であるという考え方がある。秘密文書なのですぐには公開されないが、一定期間が経過すれば開示される。

ジョージワシントン大学のナショナル・セキュリティー・アーカイブ（https://nsarchive.gwu.edu/briefing-book/russia-programs/2017-12-12/nato-expansion-what-gorbachev-heard-western-leaders-early）には、西側首脳たちがゴルバチョフをソ連内の政敵から守る

ために、NATOはロシア側に拡大しないという約束をいたるところでやっていた公電記録が掲載されている。もう軍事同盟は必要ないのだから、NATOを「母なるヨーロッパ」という構想に基づいてロシアを含むユーラシア全体の信頼醸成のための政治フォーラムにするというビジョンまで語られている。

それらは、両国首脳が調印した拘束力のある約束なのかと問われれば、答えはノーである。しかし、口頭であっても約束は存在した。それを国連憲章「違反」の口実にすることをプーチンに許してはならないが、「プーチンの嘘」ではない。

その後、状況はどんどん変化し、NATOは東に拡大され、ロシア側も独自に新たな軍事同盟をつくり、弾道ミサイルや中距離ミサイルを配備して今日に至るのである。

ソビエト・アフガニスタン戦争と「チャーリー・ウィルソンズ・ウォー」

ソ連崩壊前の1979年、ソ連はアフガニスタンを侵略した。

当時の同国には社会主義政権ができ、それに対抗する軍閥たちが反乱し内戦状態にあった。そして、同政権はモスクワに助けを求めたのだ。典型的な「集団的自衛権の悪用」のシナリオだ。そして、ソ連軍は侵攻を開始。それに対抗する「ムジャヒディーン」として知られた軍閥勢力は次々と撃破されてゆく。今のウクライナ軍のように戦車もミサイルもない、軽武装でのレジスタンスだ。

彼らを、応援したのは、サウジアラビアなど同じムスリムの金満王国である。

しかし、途中でゲーム・チェンジャーが現れる。アメリカがスティンガー・ミサイルなどを提供し始めたのだ。そこからこの戦争は、後に「チャーリー・ウィルソンズ・ウォー」（トム・ハンクス主演のハリウッド映画）と称される典型的な「代理戦争」に転移し、学術的にも、その説が定着している。

「集団的自衛権」と「ゲーム・チェンジャー」。この構造は、今のウクライナ戦争と酷似している。「ウクライナ人は代理として戦っているわ

アフガン戦士。アフガニスタンでは歴史的に土着民兵の文化がある。

けではない。命をかけて戦う祖国への忠誠心を汚すのか」という意見がある。しかし、それは当時のムジャヒディーンにとってもまったく同じだ。彼らも祖国のため命をかけ、今のウクライナとは比較にならない〝非対称〟の自衛戦争を戦った。

まさかとは思うが、肌に色がある人々の祖国への忠誠心は、そうでない人種のそれより劣るとでもいうのだろうか。侵略者に抵抗する精神……、白人のそれのほうが、有色人種のそれより尊いとでもいうのだろうか。もしそうであれば、それを「人種差別」という。

結果は、軽武装のムジャヒディーンが超軍事大国ソ連を打倒するに至り、この後歴史はソ連崩壊を迎える。

この戦争は、アメリカの代理戦争の成功例となった。しかし終結まで10年を要し、今となってその確定は不可能であるが、夥しい数のアフガニスタン民衆の命が失われた。そして、当時のソ連は戦後賠償など一銭も払っていない。われわれは、ウクライナ戦争でまたこれをくり返すのか。

「代理戦争」は、どんなものであれ、絶対に「成功」させてはならないのだ。それが一度起きてしまったら、単に紛争当事国だけなく、関係するすべての国家間の対話と外交交渉で、一刻も早い停戦を実現することだ。それが「代理戦争」の処理に対する基本姿勢であるべきである。

世直し社会運動としてのタリバン

ソ連と社会主義政権に勝利をした後、アメリカに支援された軍閥は、国を建設するために手を取り合うのではなく、権力をめぐって武装闘争に陥り、アフガニスタンは再び内戦に突入する。

国はさらに荒廃するが、自己の利益を追求するだけの軍閥政治に翻弄《ほんろう》されずに清い国家建設を目指す「社会運動」が、アフガニスタン南部のカンダハルという最貧地域から起きる。オマール師に率いられたタリバンである。短期間で政権を掌握した。

ウクライナに匹敵する人口4000万人ほどの国土を、小さな社会運動がどうやって把握できたか。その仕組みを理解する必要がある。

アフガニスタンでは歴史上、しっかりした中央政府ができ、すべての国民の安全をくまなく保障する状況は存在しなかったと言っていい。個々の村々のコミュニティが自警団的な民兵グループで自分たちを守るような状況だ。土着民兵の文化が根強く、大小数えられないくらいあり、統制は誰もできない。

民兵グループのなかには、住民に「守ってやるから〝みかじめ料〟よこせ」みたいなのが必ず出てくる。勢力を広げるため、隣村の民兵グループのリーダーを殺して乗っ取るような闘争も起きてくる。そして、こういうローカルな武装グループをいくつ抱えているかが大きな軍閥の力になる。そして、軍閥同士は仲が悪い。日本のやくざの世界と同じだ。人間が集団でやることは、どこでも同じなのだ。

私は後に、アメリカの占領統治下における「武装解除・動員解除・社会再統合」という事業でこの問題に直に触れることになる。

こうした多民族国家において軍閥は各民族のリーダーで、その支配下の武装勢力は民族に帰依するものと考えられがちであるが、必ずしもそうではない。ローカルな武装グループは、それぞれの保身と既得利権に応じて、どちらにつけば得かを天秤《てんびん》にかけ、帰依先をパタパタと変えていくオセロゲームを繰り返す。このときは、それがタリバンに向いただけだ。

タリバンの影響力拡大を助けたのは、印パ戦争という独立以来の地政学上の問題を抱えた隣国パキスタンの軍事支援だ。パキスタンがアフガニスタンの内政になぜ介入するのか。インドが同じことをするのを恐れるからだ。アフガニスタンに親インドの政権ができれば、パキスタンは2つの敵国のサンドイッチになってしまうのだ。

これが、短期間にタリバン政権を誕生させたドミノ式実効支配の実態である。ドミノ式だから、これが逆方向に働けば、崩壊するのも同じく早い。この後、それが繰り返されてゆく。

アメリカ建国史上最長の戦争の始まり

2001年9月11日の同時多発テロ。

主謀者はイスラム武装勢力アルカイダ。ビンラディンを含むアルカイダの面々はお尋ね者として世界を放浪した末、当時のタリバン政権に客人として囲われていた。

9・11テロの翌日、CNNの報道でも、これを「第2のパール・ハーバー（真珠湾攻撃）」と位置づけ、アメリカは保守もリベラルもひっくるめて強度の「安全保障化」に突入していく。その愛国主義の熱狂のなかで報復攻撃が始まる。

タリバンはテロの首謀者ではない。ビンラディンらを匿《かくま》っていたということで、アメリカの報復攻撃の対象になった。その根拠になったのが現代の開戦法規、国連憲章第51条で認められた個別的自衛権である。

ムスリム人口を多く抱える西側諸国でも、ビンラディンの「悪魔化」がイスラム・フォビア（イスラム嫌悪）を蔓延《まんえん》させ、前例のない「安全保障化」が世界を席巻してゆく。現在、ロシア侵攻を契機にプーチンの悪魔化がルソ・フォビア（ロシア人嫌悪）を、そして、10・7「テロ」を契機にハマスの悪魔化がパレスチナ人に対する非人間視を引き起こしたのと同じ構造である。

このときのアメリカの報復攻撃は空爆である。地上戦を戦わず、ただそれを雨霰《あめあられ》と降らせたのだ。このときに犠牲になった無辜のアフガン国民は数万人と言われるだけで、まだ確定されていない。

その地上戦を戦ったのは、「軍閥」たちである。かつてソビエト・アフガニスタン戦争をアメリカの武器供与で戦った、それぞれが国家の正規軍に匹敵する軍事組織を持つ9つの軍閥である。彼らは、ソ連のように共通の敵がいるときには一丸となるが、それがなくなったらたちまち内戦の主役になり、国をさらに荒廃させてきた。今度の共通の敵は、元はと言えば、彼らが荒廃させた国を救うために生まれた社会運動であるタリバンだ。

このとき、軍閥たちは「北部同盟」という名のもとに団結した。そして2001年10月、アメリカによる空爆を加勢に「北部同盟」は首都カブールに入城し、タリバン政権は崩壊する。

このようにアメリカ・NATOは、いったん勝利することになるが、ここで一つ問題がある。前述の「比例原則」だ。

「テロ」と称する事件を契機に「自衛の権利」を行使するにしても、はたしてそれは、敵国の民衆を何万人も殺害する第二次被害を引き起こしてまで、そして敵政権の息の根を止めるまで許されるのか、という問題だ。私は、それは「比例原則」に違反すると考える。

そこまで過剰に「自衛の権利」を行使した代償は、20年を経てアメリカ自身が払うことになる。その経緯は後述するが、それを教訓に、現在進行する【ガザ・ジェノサイド】を一刻も早く止めたい。この思いで、筆を進める。

初のNATO憲章第5条による戦争

アメリカの個別的自衛権を根拠にするこの戦争の作戦名は「不朽の自由作戦」。欧米の自由主義が「非人間」によって脅かされているという「安全保障化」は、ついにNATOをして、その設立以来一度もなされたことのない同憲章第5条の発動に結果する。

NATO憲章第5条とは「ヨーロッパ又は北アメリカにおける一又は二以上の締約国に

対する武力攻撃を全締約国に対する攻撃とみなす」――つまり、一つの加盟国が狙《ねら》われたら、同盟国全体の敵と見なして戦う集団防衛だ。「同盟国の義務」としてすべての加盟国が参戦する。

しかし、特記すべきは、このアフガニスタン戦争まで、ＮＡＴＯは創設以来この第5条を一度も発動したことがなかったことだ。数か国だけの「有志連合」で戦うことはあっても、「同盟国の義務」として戦ったのは一度きりである。ＮＡＴＯは見た目ほど勇猛ではない。

だから、ウクライナのＮＡＴＯ加盟は容易ではないのだ。開戦前においても、すでに内戦（ドンバス内戦）を抱える（それも超大国ロシアが介入している）ウクライナが加盟国になれば、それは即、ＮＡＴＯの戦争になってしまう。開戦当初、ゼレンスキーがロシアの圧倒的な空軍力を封じるために「せめてNo-fly Zone（飛行禁止地域）の設置を！」と悲痛な懇願をしても、ＮＡＴＯが武器供与以上のコミットをしなかったのは、これが理由である。

アフガニスタンに関しては、相手が軽武装の「インサージェント」である。私はここからＮＡＴＯと関わることになるが、当時一緒に働いた関係者首脳の事後の吐露として、当時のＮＡＴＯ諸国には、確かにタリバンを甘く見る「慢心」があった。

こうして、アメリカの個別的自衛権の戦争は、NATOの集団防衛となり、タリバン政権を打倒したものの、アルカイダを含むその残党たちとの戦闘が続くなか、そして「勝者」の軍閥たちが「再び」内戦状態になるなか、アフガニスタンでの軍事駐留と新しい国家の建設が始まるのである。

敵を完全に排除するツケは大きい

2001年11月、ドイツのボン近郊のケーニヒスヴィンターにおいて、対タリバンのために結成された軍閥たちの「北部同盟」を中心に、他のアフガン政治グループの代表が集められた。これにより暫定政府の成立、国連アフガニスタン支援ミッショ

アフガン暫定政権の閣僚の面々：右端は大統領のカルザイ。左端は国防相の座についた最大軍閥のファヒム。中央は大量虐殺の責任を問われていた軍閥のドスタム。

ン（UNAMA）設立が合意され、国連安全保障理事会で承認された。これが「ボン合意」といわれるものである。

このとき、UNAMAのトップに任命されるのが前述のブラヒミ氏である。そして、あの述懐である。

“The most important thing would have been to have had the Taliban at the table in Bonn. It was impossible in Nov. 2001 to have them there, but in hindsight it would have been better.” Lakhdar Brahimi 2005

「最も重要なことは、ボン会議にタリバンを出席させることにあっただろう。2001年11月当時は不可能であったが、後の祭りだが、そのほうがよかった」（ラクダール・ブラヒミ 2005）

敵に塩を送る。この精神が勝者にとっていかに大切か。「ボン合意」において、アメリカにはその勝者としての度量が欠落していた。国連の一部から、タリバンの参加を許そうという意見があったが、アメリカによって打ち消された。

それが暫定新政権のどんな瑣末《さまつ》なポストでもいいから、あのときにタリバンを参加させていたら？　歴史のＩＦになるが、この戦争のシナリオは大きく違ったものになっていただろう。これが、タリバンの復活がアメリカ・ＮＡＴＯ軍関係者によって、もはや認識せざるを得なくなっていた２００５年における、国連の現場のトップの述懐である。

これは、現在の【ガザ・ジェノサイド】においてハマスをどう扱うかに揺れる今、重要な示唆を提示するものだ。タリバンは単なる社会運動であるが、ハマスはパレスチナ社会で民主的総選挙を制覇した政体である。そして、アルカイダと共に世界の大部分から除《の》け者にされていたタリバンとは真逆に、ハマスは中東を中心に広くグローバル・サウスの同情を獲得している。

インサージェントはこちら側の戦争計画の時間スパンを超えた軍事的脅威である。この認識を共通項としてハマスとタリバンを比較すると、ハマスは、20年かけてアメリカ・ＮＡＴＯに勝利したタリバンより遥《はる》かに強靭であり、それを「殲滅する」というネタニヤフ政権の言説は、もはや政権の座にしがみつくための「乱心」にしか過ぎない。一方で、その末路をアフガニスタン戦争で自ら経験したアメリカは、この「乱心」に釘《くぎ》を刺す一番よいポジションにいるはずなのだ。

戦犯の、戦犯による、戦犯のための国家建設

「ボン合意」直後から、新しい国家建設が始まった。暫定政権の国防大臣、内務大臣（警察力を担当する）など主要ポストは軍閥が占めた。軍閥とは戦犯の集団である。なかにはタリバンよりも悪名高い大量虐殺者として知られる者もいる。歴史的に反目する少数民族を標的にした民族浄化の嫌疑をかけられている者もいる。

でも、なぜ戦争犯罪が問われないか。答えは簡単。アメリカの協力者だからだ。

こうして、戦犯の、戦犯による、戦犯のための国家建設の幕が切って落とされた。

しかし、実は、彼らは新政府発足の記念写真に一緒に笑顔で収まっても、地元に帰れば、その子飼いの武装グループを使って隣接する軍閥同士で「領土」をめぐって内戦を始めていた。当時のソ連のように、共通の敵がいるときは団結して闘い、共通の敵がいなくなると、また権力闘争を始める。タリバン政権崩壊後、またそれが繰り返されていたのだ。

それでもアメリカが目標にしたのは、アフガニスタンを「民主化」すること。それによって、アフガニスタンを二度とアメリカ本土を攻撃するようなテロリストの巣窟《そうくつ》にしないことだ。ＮＡＴＯと共に駐留を継続し、タリバン・アルカイダの残党と戦うアメリカの戦

争の終結とは、「民主主義」を建設し、それを定着させることであった。

「民主主義」を外国の手でつくるとは

戦後復興には、莫大な資金が必要である。そして、かなり長期に渡る作業だ。そのためには、アメリカと同じ民主主義を信奉し一緒にやってくれる他の先進国の関心とコミットメントを維持してゆかなければならない。どんな国でも有権者は移り気である。だからこそ、アメリカの戦争が引き起こした破壊を再建する試みへの協力が「正義」であるという「証」を、有権者に示し続けなければならない。

その「証」とは何か。われわれが信奉する民主主義、それがまったく存在しなかった荒れ地に根付いていることを証明すること。一番分かりやすい「証」は、民主選挙の実施だ。選挙は、アメリカにおいても一種のお祭りである。有権者に一番分かりやすい花火なのだ。

軍閥は、完全武装した政治家だ。国家建設というアメリカを中心に先進国が莫大なお金を投入する新しい流れに直面し、もはや抵抗できないと分かっていても、その中でより大きな利権を確保するため、ライバル軍閥に負けないよう最後の最後まで武力を手放そうとせず、逆に軍拡し続けていたのが彼らだった。

しかし、そのまま選挙戦に突入したら、内戦になってしまう。

こんな内情を横目で見ながら、花火を打ち上げる準備は粛々と進めなければならない。アメリカは、アフガニスタンの新国家建設における主要な役割を同盟国に分担させた。それが、前述（P102〜103）のSSR：治安分野改革である。

国家の土台をつくるSSR：治安分野改革

まずアメリカ自身による新しい国軍の再建。ドイツが警察、そしてイタリアが憲法を含む法の制定と整備。この3つによって、まずアフガニスタンに「法が支配する」土台をつくる。さらに、軍閥を含む非合法な武装集団の資金源は麻薬だったから、その対策をイギリスに委ねた。

最後に、誰もが引きたくないババ抜きみたいな役があった。軍閥たちの「武装解除」である。

アフガニスタンに存在すべき軍事力は新しい国家に独占させなければならない。少なくとも、アメリカがその創設の担当国である新しい国軍がアフガン最強のものでなくてはならない。でも、それを数段上回る軍事力を誇る「軍閥王国」が複数存在し、互いに争って

アフガニスタン東南部で兵士の武装解除を行う著者（2002～2003年）。　著者提供

同上。　著者提供

いたのが当時の状態である。国家建設にとって最大の障害である。

しかし、軍閥たちはタリバン政権を倒した最大の「功労者」だ。勝利したばかりで鼻息も荒い。誰もがアメリカとNATOに大きな貸しができたと思っている。

同時に、そういう引け目のあるアメリカとNATOは、勢いのある彼らに「武装解除せよ」と迫るカードを誰も引きたくない。でも、それを引いてしまったのが、当時、田中真紀子外相の更迭問題で揺れに揺れていた日本政府だった。親米国としての面目躍如の機会を伺っていたのだろう、手を挙げてしまったのだ。武装解除された経験はあるけど、誰かを武装解除するなんて、政府はおろか日本人の誰も経験していないのに。

こうして、当時、西アフリカのシエラレオネでの国連平和維持活動PKOの幹部として武装解除を完了して帰国したばかりの私に依頼が来たのだ。

暫定政権が発足して1年以内に実施が予定されていたアフガン最初の総選挙の前に、軍閥たちが手放そうとしない武器、戦車も大砲もミサイルも自動小銃も、すべてを彼らから引き離し、それらを暫定政権の新しい国軍の支配下に置く。武力を使わず、政治交渉だけで。

武装解除と力の空白

武装解除がどう進行し、完了に至ったかは、拙著『武装解除：紛争屋が見た世界』（講談社現代新書）に詳しい。参照を願い、本書では詳述を割愛する。

外務省のホームページを見ても、私が指揮したこの事業は、アフガン新国家建設の治安分野改革：SSRにおける大きな成功として謳われている。その結果、アメリカが希求したアフガニスタンで最初の民主選挙も行われた。しかし、平和は逆に遠のき始める。「力の空白」をつくってしまったからだ。

前述のように、タリバンと地上戦を闘ったのは、私が武装解除した軍閥たちだ。その「勇猛さ」はすごかった。なにせ、国際人道法など気にも止めず、タリバンが逃げ込んだという噂《うわさ》だけで村全体を村民と共に焼き払うなんてことを平気でやっていたのだ。なんだかんだ言っても、アメリカなど先進国の軍は、「戦争のルール」を気にするぐらいのことはする。

タリバン政権が崩壊した後、ビンラディンやオマール師など、アルカイダ、タリバンの幹部たちはパキスタンに逃れて虎視眈々《こしたんたん》と反撃の機を狙っていたのだが、地上戦を戦った軍閥たちの軍事力は、タリバンの再来を防ぐ「抑止力」として機能していたのだ。

しかし、あのときの現場のアメリカ軍と私たちは、タリバンに完全に勝ったと思い込んでしまっていた。武装解除の完了は、その「抑止力」を消滅させてしまったのだ。武装解除が生む「力の空白」を別の方法で対処できなかったか？

国連PKOがやる武装解除の場合だと、国連平和維持軍が広く展開しその役割を担うのだが、これはアメリカの戦争の一環だから、それにあたるものがなかった。NATO軍は首都カブールだけで、肝心の地方には常駐していなかった。2003年3月からイラク戦争が始まり、アメリカ軍も主要部隊を割ける状況ではなかった。

唯一の方法は、アメリカが担当していた創設中のアフガン新国軍を増強し、全国展開することだ。しかし、これが遅い。というのも、今まである特定の軍閥に属していた兵士たちにその帰属意識を捨てさせ、国家に忠誠心を持たせるには訓練に時間をかけるのは当然のことだ。その採用にあたっては、武装解除後の兵士を一人一人審査して慎重に行う手順をアメリカに合意させたのは日本政府代表の私だった。

アメリカ敗北への序章：アメリカの戦争計画とアフガン選挙

当時、首都カブールの治安維持だけに小部隊を出したものの、軍閥にビクビクして地方への展開を拒んでいたNATO諸国を説得して、最初に武装解除が行われたアフガン北部に駐留することを、ドイツにやっと了承させたのも私である。これをキッカケにNATOはその後地方展開を始めることになるのだが、「力の空白」を埋めるためにはそのスピードは遅すぎた。理想を言うなら、武装解除は新国軍創設のスピードに合わせながら、時間をかけて段階的に進めるべきだったのだ。

武装解除はうまく滑り出したものの、武装解除によって生み出される「力の空白」問題に私たち現場の関係者が気づき始めた2004年のある日のことだ。アメリカ軍最高司令官の陸軍中将が慌ただしく日本大使館の私の部屋にやってきた。

ラムズフェルド国防長官から「米大統領選挙の前にアフガン大統領選挙を何としてでも実行せよ」という命令が下ったと言う。この言葉を吐き捨てた彼の苦渋の顔が忘れられない。

武装解除を始めるにあたって、「武装解除はアフガン最初の選挙までに終わらせる」ことを目標に設定し、カルザイ大統領をして国際社会に対して宣言させたのは私だ。もし武装解除が長引けば、アフガンの選挙を〝多少〟遅らせることは、アメリカ軍最高司令官と私の間では了解事項であった。新国軍の創設がままならないなかで、そしてイラク戦にアメリカの戦力を割かれているなかで、タリバンに対する抑止力を失ったらどうなるか。軍人である彼にそのリスクが理解できないわけがないのだ。

なぜ、ブッシュ政権がアフガン選挙の早期の実施に焦ったのか。

そのときはすでに、アメリカ進攻後のイラクが泥沼の内戦状態になり、誰の目にも「失敗」が明らかだった。このままでは、2004年11月のアメリカ大統領選で再選が危ういと、ブッシュはアフガニスタンの「成功」に賭けたのだ。成功とは、アフガン民主選挙の平和裡《り》の実施によってアメリカ人が信奉する民主主義をこの野蛮な荒野に根付かせたとアメリカ国民に訴えることだ。すでに1000人を超えていた若いアメリカ兵の犠牲の対価を示さなければならない。

私は、日本政府代表という立場を超えて、また東京の外務省の意思に関係なくアフガン選挙を遅らせるロビー活動に奔走した。日本政府など相手にしても、国益とか対米関係とか言い出して埒《らち》があかなくなるからだ。

しかし、私のロビー活動は現場のNATO軍幹部を超えて在カブールEU特別代表部などの理解を得たものの、それ以上は広がらなかった。ラムズフェルド国防長官の指示どおり、逆に武装解除のスピードを上げて2004年10月にアフガン最初の民主選挙が実施され、ブッシュ大統領が再選された。

結果、軍閥が保有するすべての〝戦争兵器〟(戦車、装甲兵員輸送車、口径100ミリ以上の火砲、そしてスキャッドミサイル)を無力化し、見事に「力の空白」は出現してしまった。その直後から、まずアフガン南東部でのタリバンの攻撃が多発し始め、アメリカ軍部をはじめ誰もがそのカムバックを実感し出したのが2005年だ。タリバンによる実効支配は拡大し続け、2021年8月15日のカブール陥落、アメリカ・NATOの敗北に至る。

「俺たちを武装解除したら、タリバンはすぐに復活するぞ」。当時、武装解除に抵抗する軍閥たちの誰もが口にしていた言葉が現実のものになった。

タリバンとの停戦交渉

停戦、つまりタリバンとの政治的対話、政治的和解のための工作が秘密裏に始まったのは、2006年頃だ。当時は、2001年以来戦争がすでに5年を経ていて、「こんなはずじゃなかった」とNATO加盟国内で不協和音が出始めたときだ。アメリカ軍関係者からも「アメリカ建国史上最長の戦争になるのではないか」という声も聞かれ始めていた。

その不協和音の口火を最初に切ったのは、NATO加盟国の中でも、第二次大戦後このアフガン戦争で初めて陸軍を海外に送ったドイツであったと思う。在京のドイツ大使館から、有力な与党政治家の来日に合わせて面談の要請が2度あった。そして、ドイツのボンで開かれた密室会議に招聘《しょうへい》され、〝アメリカ抜き〟のNATO加盟国の与党議員の代表者たちとアフガン戦争の停戦について話し合う機会を得た。これはドイツ政府によると「初めて」ということだった。

そこには、アフガニスタンからも現役の議員数名が招かれていて、私の発言を聞いた後、その中の一人の女性議員が私に詰め寄り唾《つば》をかけようとした。タリバンに蹂躙《じゅうりん》されてきた女性の代表として、感情的になるのは当然過ぎるくらい当然である。自分ではそれを言い出せないドイツ政府は、私にこの汚れ役を担わせたかったのだと思う。このドイツでの会議のことは、2007年に衆議院「テロ防止・イラク支援特別委員会」に参考人として招致された際に触れている。

その後、具体的な停戦工作として最初に向かったのはパキスタンである。「タリバンをつくった」と言われる同国の「政府の中の政府」ＩＳＩ：Inter-Service Intelligence（三軍諜報庁《ちょうほうちょう》）と接触するためだ。

実は、当時のＩＳＩ長官の陸軍中将は、シエラレオネの国連ＰＫＯで一緒に働いた戦友だったのだ。彼の手筈でタリバン幹部と接触するためにアフガニスタン、タリバンとのチャンネルを維持していたサウジアラビア、そしてイランを訪問し、対話に向かうネットワークをつくりはじめた。そして、それらの関係者を東京に招き、２日間の密室協議の末、ひとつの意見書をまとめた。この経緯は、『アフガン戦争を憲法９条と非武装自衛隊で終わらせる』（かもがわ出版）に詳しく述べた。

停戦のために「テロリスト」を制裁から外すこともある

この会議の成果として特記すべきは、国連安保理制裁委員会が特定の危険人物の入国制限や拘束への協力を呼びかけた「制裁リスト」（安保理決議第１２６７号など）に記載されたタリバン幹部の数名を、同リストから除外することを提言に入れたことだ。ハイレベルの停戦協議が動き出したら、必然的にタリバン幹部のスムーズな渡航が必要となるからだ。

そして、２０１０年1月、この会議の共同主催国のアフガニスタンによる国連安保理での働きかけによって、この提言は現実のものとなり、5名のタリバン幹部が「テロリスト」のレッテルから外された。

停戦工作の迷走

この会議では、いわゆるプランBも議論した。当時、現場のNATO軍関係者の間で流《は》行《や》っていたDivide & Exit。アフガニスタンを二分割し、アメリカ・NATOにとっての敗北なき撤退とする。分割する一方をタリバンの統治下に、片方を欧米諸国が支援するアフガン政府の統治下に、というものだ。こんなオプションまで話し合ったのだ。

その後、オバマがアメリカ大統領になり、やっと「(アメリカ・NATO側に)軍事的な

2007年、カルザイ大統領はタリバンとの政治的和解のために戦争犯罪の恩赦法を発布する。ブッシュ大統領とカルザイ大統領。

勝利はない」と表明、そしてタリバンとの交渉が政策として位置付けられた。しかし、それと矛盾するように、ビンラディンに加え、タリバンのリーダーを次々とドローンによって殺害していったのは前述したとおりだ。

「敵に弱みを見せるアメリカ」という言説を、アメリカは何より恐れる。しかし、これは、軍事的に負けそうな立場で和解を提案する側の行いとしては、不誠実きわまりない（これは他のＮＡＴＯ諸国の軍幹部の言葉だ）のは言うまでもない。

そうこうしているうちに、いつしかこの戦争は、「ブッシュの戦争」から「オバマの戦争」と呼ばれるようになり、泥沼化してゆく。

もともと軍事的に勝てない相手を「テロリスト」と命名し、「殲滅するしかない」という言説をつくりあげ、結果、制限なき戦争を続けるアメリカのジレンマである。

覚えているだろうか？　２０１６年、オバマは現職大統領として初めて広島を訪問した。故安倍首相と並んで記者会見をしたのだが、アメリカの女性記者はオバマに向け辛辣《しんらつ》な質問を放った。

この記者会見の数日前、アメリカ軍がタリバンの新しいトップだったマンスールをパキスタンとの国境付近で無人爆撃機の空爆で殺害したばかりだったのだ。記者はそのことを取り上げて、「あなたが終わらせることができなかったこの戦争を、こういう形で次の大統領に引き継ぐのか?」と、アメリカ大統領が初めて訪れた広島で質問したのだ。アメリカのメディアは、日本のそれのように〝やらせ〟の受け答えを許容しない。

そしてトランプ政権になった。

彼は、基本的に何でも損得で考えるのだろう。アメリカがこの戦争を続けることは何の得にもならないと。ここから、アメリカの戦争目的は、もはやＷｉｎ（勝利する）ではなく、Ｅｘｉｔ（撤退する）になってゆく。

タリバンとの対話とは、アメリカが支援するアフガン現政権とタリバンとの政治的和解であり、それを西側諸国が支援するということを意味する。しかし、トランプはアフガン現政権抜きで、アメリカが撤退できる条件をめぐってタリバンと直接交渉を始めたのだ。

ここは強調したい。あのアメリカが、このときは国家でもない「テロリスト集団」と交渉を始めたのだ。

これに比べたら、ネタニヤフ政権が、ハマスと政治交渉することは、何ら特異なことではない。かたくなな「殲滅すべき」の言説を振りかざす者たちに、未曽有の集団懲罰をこれ以上続けさせてはならない。

そして敗北

そして、トランプ政権が終わり、バイデンは何をやったか?

2021年の4月、9・11を記念してその年の9月11日までにアメリカ軍が撤退することを、NATO加盟国と十分に調整せずに宣言してしまった。

アフガン民衆が、アメリカ・NATO諸国が支援するアフガン現政権を見限らないわけがない。人心掌握に長《た》けたタリバンにすべてが好転し始める。首都カブールが一日で陥落するなど誰が予想できただろうか。

予想通り、アフガン中央政府は見限られ、コアファイターが5万に過ぎない軽武装のタリバンが、前述のオセロゲームのようにパタパタとアフガン全土を手中に収めていった。そして、アメリカ・NATO軍の敗走。アメリカが手塩にかけて創設、そしてこのときまでには30万に増強した国軍は敗走し、推定70億ドルと言われる兵器・軍事装備もそのままタリバンの手中に陥ちた。

これが2021年8月。その半年後、ロシアがウクライナに侵攻する。

アメリカ・NATOに視座を置けば、なぜウクライナ戦争は開戦に至ったかが明確に俯《ふ》瞰《かん》できる。

アメリカによる世界の分断Ｖｅｒ・１

２０２３年10月、アメリカのシンクタンクから講演の依頼を受け、久々に渡米した。シンポジウム形式でテーマは「新冷戦？　戦略的競争と将来の世界秩序」。ウクライナ戦争が決定づけた新しい世界の分断と世界秩序の変化について討議した。アメリカを中心に、各国から国際政治と安全保障の学者が集まった。聴衆は、一〇〇パーセントアメリカ人研究者と学生、そして若干の留学生。

私の講演の内容は「新冷戦の中の緩衝国家の命運、そして東アジア」だ。「緩衝国家」の定義は、「はじめに」で扱った通りだ。

2021年8月15日、首都カブールの大統領執務室を占拠したタリバン。

講演の骨子は、アメリカがこの四半世紀に渡って世界を迷走させた〝Which side are you on?（どっちの味方だ?）〟。世界の分断の体系化を試みたのである。まず、2001年9・11同時多発テロ後のアフガン開戦で、タリバンに勝利した直後のブッシュ大統領が国際社会に迫った「アメリカの側に付くのか。それともテロリストの側か?」。これは、グローバル対テロ戦の開戦宣言だ。北朝鮮、イランを含む3か国以外、中東をはじめとするイスラム教国を含むほとんどすべての国がアメリカの側についたので、この分断にアメリカは成功を収めた。

程なくしてアメリカはイラク開戦に至り、2つの戦争が同時進行することになるが、当初の予想に反し、いつしかこの戦いはNATOと共にアメリカ建国史上最長の戦争になってゆく。そして、戦争の上位目的から「軍事的勝利」が消失してゆき、タリバンとの停戦交渉が模索され始めるのは、前述の通りだ。

その途中の2014年。アフガン戦争における厭戦《えんせん》気分がNATO諸国を支配し始めた頃、ロシアのクリミア侵攻が起きる。分断の標的を逸《そ》らす好機が訪れる。私の元には、かつて一緒に働いた数名のNATO軍の友人から「it's a savior for NATO（この侵攻はNATOにとって救世主）」という冗談にならない本音のメールが届いた。

そして、一方的なアフガン撤退を宣言したバイデン政権。

このときも、上記の友人サークルから悲鳴に近いメールが届いた。前述のオセロゲームの「パタパタ」は、現場に身を置いた軍人なら容易に予想できることなのだ。

そして、分断Ver・2

分断Ver・1の敗北が濃厚になった頃から、バイデン政権は中国に照準を合わせ始める。それがQUAD《クアッド》・日米豪印戦略対話（軍事同盟）やIPEF・インド太平洋枠組み（経済連携）であり、中国包囲網を仕掛け、「中国の側につくか、われわれの側につくのか」とせまる。これが分断Ver・2である。

そして、ロシアによるウクライナ侵攻。

NATOは、再び水を得た魚のように、存在感を露《あら》わにするも、地上軍投入の素ぶりはまったくなし。これも前述したが、ゼレンスキーの「せめてNon-fly zone（飛行禁止区）を！」という悲痛な要請にも、設置すれば参戦とみなされヨーロッパが戦場になってしまうと拒絶し、ウクライナ戦争は最初から典型的な代理戦争の様相を呈する戦争になった。

NATOとEUが合体したような体で強硬な対ロシア経済制裁を開始するが、それに与《くみ》せず〝中立外交〟を貫く中国をロシアと合わせて標的に分断する「Ｖｅｒ・２」。しかし、分断Ｖｅｒ・１に比べると、明らかにアメリカに有利な世界の分断は失敗し、「欧米ｖｓその他全世界」の新たな分断が現在進行中である。

私はこのシンポジウムで、このように次々と標的を切り替えるアメリカの性《さが》をアメリカ聴衆に向けて講演した。

講演後の質疑応答は、ウクライナ戦争がアメリカの代理戦争であることを前提に議論しても、何の支障もなく進行した。「アメリカの世界への影響力をしっかり自覚する愛国者だからこそ、アメリカを良くするために、アメリカへの批判を積極的に聞く必要がある」というアメリカ人学者の発言もあった。

QUAD。第２回日米豪印首脳会合（2021年9月、米国）　首相官邸HP

分断Ver・3？

実は、このシンポジウムでは、もう一つ大切な出会いがあった。一緒に登壇した学者の一人がパレスチナ出身だったのだ。会った瞬間、どこかで見た顔だと思ったら、アルジャジーラに解説者として頻繁に出演していた人物であった。このときは「奇襲反撃」の数日前であったが、ハマスのことで盛り上がった。彼は、ハマスの反動を心配していた。

第1章の54～55ページで述べたように隣国レバノンのパレスチナ難民キャンプで内戦と報道された、国外ではまれに見るパレスチナ人同士の仲間割れがあったばかりである。ともあれ、ウクライナの反転攻勢の長期化が顕著になるにつれ、自由と民主主義を守るための聖戦という言論空間が、当のアメリカ国内で疲弊している現状を鑑《かんが》みるとアメリカはまた新たな分断の標的を探し始めるだろうと私は予測していた。そこで、「分断ver・3」を未来予測として講演の最後に言及するかどうか迷ったのだが、思い止まった。「本当に起きてしまったら」という心の葛藤《かっとう》があったからだ。

そして、日本に帰国。羽田に着いてスマホの電源を入れた途端、ハマスの「奇襲反撃」のニュースが飛び込んできた。9・11の再来とも言える、ハマスの悪魔化で世界を「安全保障化」させる新たな分断だ。

しかし、ジェノサイドとイスラエルを明確に関連づけた、国連の最高司法機関である国際司法裁判所の2024年1月26日の緊急暫定措置命令を待つまでもなく、イスラエルとハマスの戦闘に対して「停戦」の一言を頑なに拒否しつづけたバイデン政権は、「その他全世界」によってさらに広く、そして深く包囲されつつある。

アメリカと特殊な関係を持つ日本はどうするか？

地理的に、その「その他全世界」のリーダーになりつつある中国・ロシアの目の前に位置し、アメリカをどの親米国家より被従属的に体内に抱える緩衝国家である日本は、その将来をどう見据えるべきか。さらに筆を進める。

第5章

東アジアのウクライナ化はあるのか

〜台湾有事・朝鮮半島有事はあるのか？

東アジアの有事

「はじめに」で記載した「緩衝国家」の定義を今一度読み返していただきたい。日本も、対立する大国や軍事同盟の狭間《はざま》に位置し、真っ先にその戦場となったウクライナと同じ「緩衝国家」である。

アメリカの仮想敵国としては、ウクライナではロシアだけだが、日本にはそれに加えて中国と北朝鮮がある、いわば三重苦・緩衝国家だ。なんとしても日本の「ウクライナ化」、つまり大国の代理戦争の戦場になることは避けなければならない。それが、これから記述する後半の唯一の動機である。

その戦場を、日本の周辺に少し広げた東アジアで考えてみよう。まず台湾有事。

ロシアがウクライナを侵略したように、中国も台湾を。そういう非常時を想定し備えることに反対はしないが、あまりやりすぎると抑止力の構築が暴走し、「安全保障のジレンマ（＊）」を招いてしまう。時に、仮想敵国の立場に立ってモノを見ることも大切である。

中国が日米同盟を発動させるようなことを敢《あ》えてやるか？

加えて、台湾国民は日本人が考えているほど反共で団結しているのか？

ウクライナ戦争では、ゼレンスキー大統領の悲痛な願いであった、ロシアの空軍力を封じるためのNo-fly Zone（飛行禁止地域）さえ設けることはなかったが、はたしてアメリカは自らの兵力を台湾に展開し、中国軍と対峙《たいじ》するのか？

そもそもアメリカ国民がウクライナとイスラエルへの軍事支援に批判的になり始めているときに、新たな代理戦争にアメリカ自身がコミットするのか？

これらを考えたら、台湾有事の蓋然性《がいぜんせい》には、かなりのクエッション・マークが付く。

（＊）「安全保障のジレンマ」
安全保障のジレンマとは、軍備増強や同盟締結など自国の安全を高めようと意図した国家の行動が、別の国家に類似の措置を促し、実際には双方とも衝突を欲していないにもかかわらず、結果的に衝突に繋がる緊張の増加を生み出してしまう状況をさす。

「無法国家」日本にとっての台湾有事

加えて、日本の「法の空白」問題がある。第3章で述べたように、日本は戦争犯罪における「上官責任」に対する法整備が完全に欠落している。世界屈指の軍事力を誇る自衛隊を擁する日本は、戦争犯罪の法治、つまり国際人道法に則った法の整備を拒絶する、世界で唯一の国家である。この「撃った後を法治しない無法」は、「国外犯規定（＊）」問題に象徴される。

（＊）国外犯規定
現行法上、重大な過失により人を死傷させる行為を対象とする罪については、国外犯処罰規定が設けられていない。現在、国会に提出している我が国及び国際社会の平和及び安全の確保に資するための自衛隊法等の一部を改正する法律案においても、このような罪について、自衛隊員のみを対象として国外犯処罰規定を設けることとはしていないものである。
第１８９回国会（常会）答弁書　答弁書第一九八号　平成二十七年七月十七日　内閣総理大臣　安倍晋三
参議院議員水野賢一提出国外犯と自衛隊に関する質問に対する答弁。

日本が引き起こす戦争犯罪の法治は、日本の刑法に委ねるしかないが、自衛隊に限らず日本人が日本の外でおかす業務上過失については管轄外なのだ。「上官責任」はおろか、国家の命令のもとで起きる過失を末端の自衛隊員に実行犯として責任を課すにしても、国外のそれは、日本の法体系は適応されない。
正当防衛のつもりで撃ったら民間人を間違って殺害してしまう「誤想防衛」のケースす

ら、この国はまともに議論すらしたことがない。この目眩《めまい》がするような「法の空白」の状態で、「敵基地攻撃能力」などという戯言《ざれごと》が政局化しているのだ。

侵略者に応戦する日本の自衛隊には、「専守防衛」であっても、日本の領海すれすれのところで戦闘する局面が訪れるであろう。そこで、もし、某国籍の〝漁船〟が被弾し、そこは日本の領域外であり、〝民間人〟が多数死傷したと騒ぎ立てられたらどうするのか。国外犯規定の問題がバレないように自分にウソをつきながらの某国との外交争議に、はたして勝機はあるだろうか。

いや、まず日本国内の政局から崩壊してゆくだろう。2015年の「安保法制」を審議する特別委員会で、野党からの、自衛隊員がもし拘束されたらジュネーヴ条約上の捕虜として保護されるのかという質問に、日本は紛争当事者国にはなりえず、ジュネーヴ条約上の捕虜になることはなく、その抑留国には捕虜の人道的待遇を義務付けた同条約は適用されないと岸田文雄元外務大臣は答弁している。

第2章で、ウクライナを占領統治するロシアの軍事的能力について、**「言説空間」**と**「現実」のギャップを議論した。**敵に対する誇大妄想的な悪魔化がもたらす「安全保障化」の問題だ。

悪魔の中国が台湾に侵攻し軍事占領する。それを足がかりに沖縄も。

これが、台湾有事に向かって日本国民を鼓舞する言説空間である。

アメリカが、軍事支援でさえ忌諱《きき》する厭戦感が支配する国内政局を圧して、「民主主義と自由」を守るために奮い立ったとして、そして日本も「法の空白」にもめげずに、「明日は我が身」と奮い立ったとして、中国が人口2400万の台湾に侵攻し軍事占領を敷くには、どのくらいの兵力が、どれくらいの期間にわたって必要か。ましてや、海を挟んでそれをやるのに。

ウクライナ戦争とはかけ離れた軍事兵站《へいたん》上の困難があるのは歴然である。日本人にとって必要なのは、中国の能力の「現実」を冷静に考えることだ。

日本人が現実感をもって考えるべきは、もう一つの有事である。

世界の陸軍が考える米朝開戦

2017年9月19日、私は韓国、ソウルにいた。

トランプ大統領がツイッターで北朝鮮開戦を示唆し、世界中の、とくに日本のメディアと安全保障関係者を震撼《しんかん》させていたときだ。アメリカ政府から依頼が来たのだ。それも国防総省からだ。そのなかでも「アメリカ陸軍」である。アフガニスタン以来、私にはこういう依頼をアメリカやドイツなど他のＮＡＴＯ諸国から受けたが、その際、日本政府を通すことは一切ない。

アメリカ陸軍は、2年に一度、太平洋地域諸国の陸軍の参謀総長を集め、信頼醸成を行っている。ＰＡＣＣ：Pacific Armies Chiefs Conferenceである。その第10回目が、韓国ソウルで開催されることになり、アメリカ陸軍太平洋総司令官ロバート・ブラウン大将からの招聘《しょうへい》である。

太平洋地域のオーストラリア、ニュージーランド、インドネシア、フィリピンはもちろんのこと、イギリス、フランス、イン

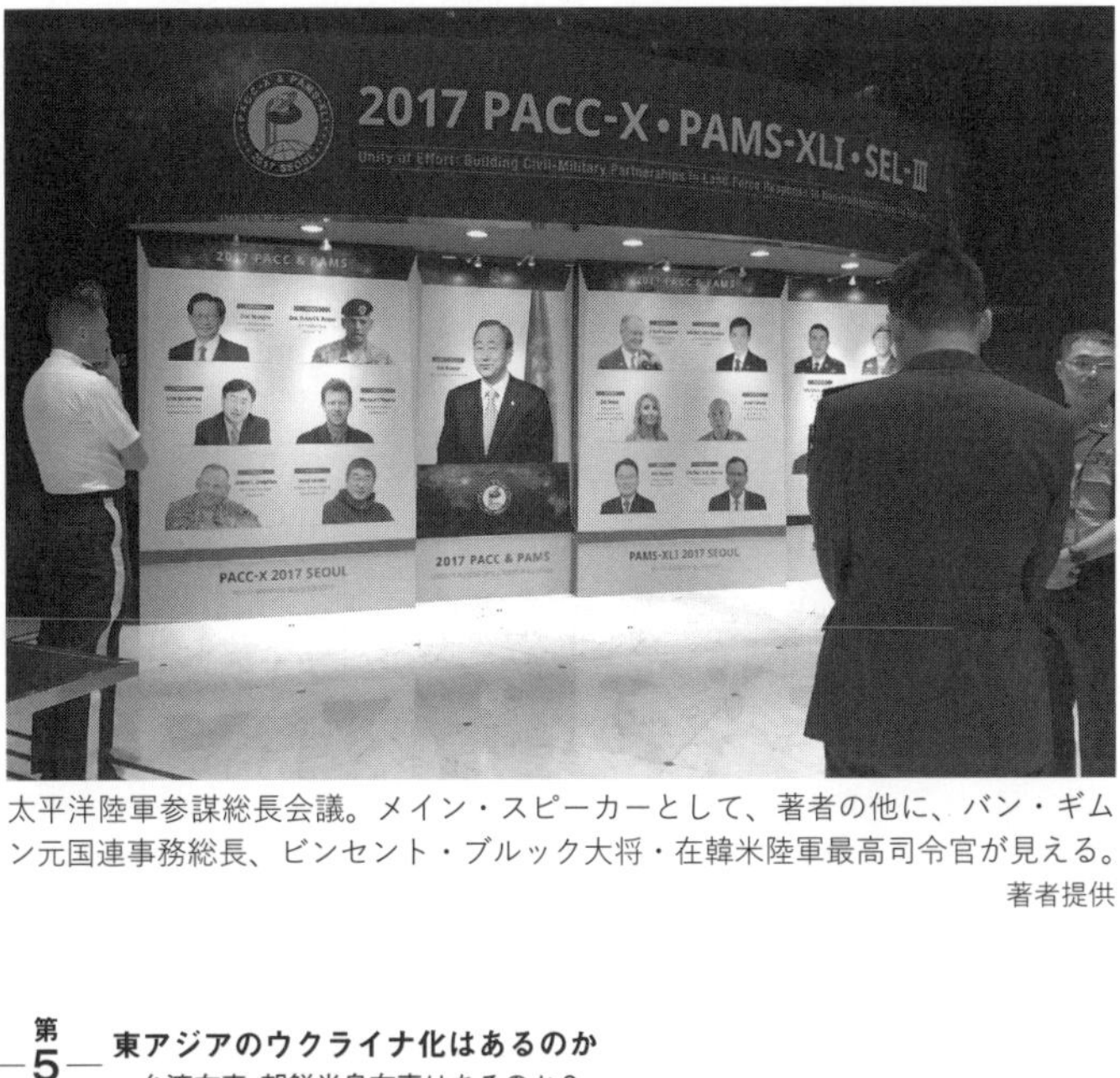

太平洋陸軍参謀総長会議。メイン・スピーカーとして、著者の他に、バン・ギムン元国連事務総長、ビンセント・ブルック大将・在韓米陸軍最高司令官が見える。
著者提供

ド、そして特記すべきは中国を含む全32ヵ国の陸軍のトップだけが参加するものだ。日本からは、陸上自衛隊幕僚長が出席した。

この太平洋陸軍参謀総長会議は、チャッタムハウスルール（＊）がとられ、誰が何を言ったかは口外しない紳士協定だから内容は詳述できない。しかし、私が基調講演を行ったメイン会議（米韓軍関係者が首を捻《ひね》っていたが、私が出席するフロアからは日本の陸幕長とそのチーム全員が蒸発するという奇妙な事態になった）、それを受けての質疑応答、そして公式・非公式のクローズドな陸軍の首脳たちとの交流で得られた知見を次に要約する。

もし金正恩斬首《ざんしゅ》作戦が決行されたとして、正規軍だけで200万を超すとも言われる北朝鮮軍が北朝鮮政権崩壊後、整然と武装解除するだろうか。この可能性については、とくに先進国の陸軍参謀総長たちは、韓国陸軍の一部を除いて、誰も考えていないことは印象深かった。そして、金正恩斬首作戦の技術的な可能性はどうあれ、北朝鮮の指揮命令系統を完全に崩壊させることは、占領統治の観点からは、レジーム・チェンジという一時的な軍事的勝利に見合わない大きなリスクを伴う視点も深く共有されていた。

いったん戦端が開かれたら、短時間で首都ソウルを壊滅できると言われている国境線上に配備された北朝鮮の通常兵器にどう対処するか。この質問は、コーヒーブレイクでも、韓国軍に本音でぶつけられた。

即応、つまりすべての通常兵器へのピンポイント爆撃は「デジタル的」に、そして瞬時に可能であるとする一部の韓国軍幹部の発言には、その他の先進同盟国軍幹部だけでなく、米陸軍幹部もお互い顔を見合わせ、首をすくめる困惑の表情が読み取れたのだ。つまり、朝鮮半島有事つまり米朝開戦は、定説どおり、ソウル壊滅のリスクを伴うことが軍事的現実として共有されていた。

そして、北朝鮮政権を崩壊させたとして、その後の軍事占領では、米軍が主力として北朝鮮に進駐することになるが、それは中国にとってどうなのか。

この会議には、中国の陸軍トップも出席していたが、メイン会議では、当時アメリカが韓国に配備した高高度のミサイル防衛システムTHAAD《サード》を巡って米中の激しい非難合戦の一幕があった。

私は、アメリカの仮想敵イランと接するアフガニスタンで、2001年のタリバン政権崩壊後の占領統治の例があるので、米軍単独ではなく安保理決議による多国籍部隊の体裁があれば軍事占領には可能性があると指摘した。その直後の中国軍幹部のいないコーヒータイムで、米陸軍首脳の1人から、たぶんそれは非現実的だろうと。占領によってもたらされる、韓国に続く北朝鮮の「トリップワイヤー化」は、たとえ多国籍軍を装っても、中国は全力で阻止する国連外交を展開するだろうと。安保理決議が、政権崩壊後の北朝鮮の安定化をいくら謳っても、中国は全力で拒否権を発動するだろうと。

それでは、安保理決議の外での、多国籍軍の創設はどうか。

(＊)チャッタムハウスルール

イギリスのシンクタンク、チャッタムハウス(王立国際問題研究所)で採用されたルール。会議の参加者は会議中に得た情報を自由に使用できるが、発言者やほかの参加者の名前や所属を特定する情報は伏せなければならない。

占領統治に必要な陸戦兵力

一般論として、紛争直後の混乱期を平和裡に乗り切る軍事統治に必要な兵力は、人口1000人に対して20名という計算値がある。それからするとタリバン政権を崩壊させた当時のアフガニスタンでも兵力70万、イラクでは50万という計算になる。しかし、アメリカがあれほど同盟国に呼びかけ、さらに安保理決議を引き出して全国連加盟国に呼びかけても、アフガンでは20万以下という兵力動員だった。これが多国籍軍動員の現実である。もちろん軍事統治は失敗し、アフガニスタンでは敗北という結果を招いた。

人口2500万の北朝鮮では理論上50万以上（太平洋陸軍参謀総長会議中の小グループの席で出た数字は80万）の兵力が必要となるが、アフガニスタン、イラクの経験からも、現在のアメリカの同盟国を中心とした国際社会のキャパを超えている。

たとえこの兵力が投入されても占領統治に成功の保証はないのだ。なぜなら第1章で扱ったCOINの成功例として、この会議でも語られたインドのカシミールでのISISを含む対イスラム過激派対策では、人口7000万の当地にインド軍75万の投入、つまり前述の計算値でいうと人口1000人に対して兵力100人の投入を「常態化」して、やっと安定させているからである。

金正恩政権崩壊後の安定化に理論上必要な兵力においては、60万の正規兵力を誇る韓国陸軍が主力になることが有望視される。共通する言語と文化の理解、そして隣国ゆえの兵力ローテーションのロジスチックの面で圧倒的な優位性があるからだ。しかし、反面、近親憎悪による被支配感の問題が占領統治の負荷になる可能性は看過できないという。韓国軍幹部の指摘である。いずれにせよ、占領統治における最大限の「国際化」を図ることは必須《ひっす》となる。

以上、私がこの会議から得た強い印象として、当時の情勢として、イラク、シリアに代表される中東情勢、北アフリカ、そしてアフガニスタンからフィリピンのミンダナオまで、主力戦力としての多国籍部隊のコミットが常態化していた当時の情勢を差し引いても、北朝鮮でもう一つの占領を実施するのはアメリカの同盟国のキャパを超えているという陸軍首脳たちのコンセンサスが読み取れた。

安全保障化の渦中におけるアメリカ陸軍の正気

繰り返すが、この太平洋陸軍参謀総長会議が開かれたのは、トランプ大統領の好戦的な発言が世界を震撼させ、それに呼応するように北朝鮮側の「挑発」が続き、日本社会では主要メディアによる「安全保障化」が極点にあったときである。

なぜこの時期に？　それも北朝鮮から数十キロしか離れていないソウルで、クローズドであったが極秘ではない国際会議を（当然、北朝鮮も探知していたはず）開いたのか？

アメリカ陸軍には2つの相反する意思が見え隠れしていた。

一つは、北朝鮮への最終的な示威行為。つまり、金正恩に対して、お前を倒した後のことも考えているぞ。それも、アメリカが統一司令部を担う多国籍軍で。

もう一つは、アメリカ陸軍だからこそ、である。空軍であれば空爆して基地に帰ってくればいい。しかし占領統治下で、インサージェント化した北朝鮮国軍と血みどろで戦うのは陸軍（含海兵隊）なのである。つまり大統領の政治決断に占領統治のコストとリスクを勘案をさせたいという思惑である。

この2つのどちらかは分からない。でも、どちらかだけではないと思う。

この会議が掲げたテーマは、Unity in effort（共に闘う）：Building Civil-Military Partnerships in Land Force Response to Non-traditional Security Threats（非通常戦脅威に対する陸軍戦略における軍民連携）だ。

戦争は敵政権を倒しただけでは終わらない。それからが本当の戦争だ。

厄介なのは、敵政権とその指揮命令系統を、講和なしに完全に軍事的に破壊させる場合だ。政権崩壊を受け入れないもの、崩壊前の圧政の復讐《ふくしゅう》を恐れるもの、占領統治が始まってもそれに失望し不満を募らせ暴力的抵抗に訴えるもの、非通常戦脅威、インサージェントなど、いろいろな言葉で言い表される非対称な脅威との戦争が始まるのだ。

現代の戦争とは、ここに勝利することを言う。敗戦を受け入れ自らを武装解除し統治された日本人には、安保・軍事専門家を名乗る者たちでさえ、感覚的にここが分からない。

そして、アメリカ陸軍太平洋司令官から私に依頼されたのは、当時アメリカの占領統治の崩壊の予測が関係者の間では濃厚だったアフガニスタンでの教訓を、基調講演として語ることだった。第二次大戦後のアメリカは、日本以外で、ことごとくこれに失敗している。本当にいいのか？　という確認と共に、プレゼン内容の協議を何回も重ね、「失敗」の教訓をしっかりと、(日本を除く) 陸軍のトップたちに訴える機会が私に与えられた。

アメリカ大統領のように、政治家は、敵国をその指導者のイメージで擬人化し、その脅威を「安全保障化」し、それを倒すレジーム・チェンジを戦争の正義として、自らの国民を導く。しかし、レジーム・チェンジが戦争の終わりではない。米朝開戦は、占領統治の観点から戦争を捉えるアメリカ陸軍の視点からは、「割に合わない」政策なのだ。

アメリカは一枚岩ではない。

米朝開戦によって「本土」への被害を真っ先に被る同盟国は、2つの「緩衝国家」、韓国と日本である。その両者でも、より直接の被害国は、北朝鮮に接する韓国であり、日本は少なくとも開戦の結果を見通す余裕が韓国よりあるはずだ。

どのアメリカを見るか。緩衝国家としての日本の命運がかかっている。

第6章

朝鮮国連軍という
日本の命運を支配するゾンビ

朝鮮半島の南・北は現在もなお「停戦中」である

太平洋陸軍参謀総長会議の本会議の翌日、各国の将軍たちと私は、ピクニックに出かけた。行先は、板門店の共同警備区域（ＪＳＡ：Joint Security Area）。

１９５３年、２年越しの協議を繰り返した後、朝鮮戦争における北側の朝鮮人民軍と南側の「国連軍」との停戦協定が締結された。板門店はその舞台となった所だ。停戦協定締結後は、「国連軍」と北朝鮮軍が共同で管轄する共同警備区域となり、南北どちらにも行政管轄権がない特別な地域と定められて今日に至る。

板門店の共同警備区域。朝鮮半島は今も「停戦中」である。　著者提供

非武装地帯の中で韓国側から行ける最北端に位置するＪＳＡは、一般旅行者が観光ツアーもできて、一見穏やかに見えるが、南北は現在もなお「停戦中」なのである。

国連の匂いのしない国連軍

下の写真は、ＪＳＡの米陸軍コマンダーが私たちにブリーフィングしているところだ。向こう側は北朝鮮である。彼の後ろの石碑に注目してもらいたい。これは、韓国に司令部がある「朝鮮国連軍」の存在を示すものだ。

韓国、アメリカ、そしてイギリスやオーストラリアなどの国旗が見える。日本の国旗はない。

１９５０年6月25日、北朝鮮が韓国に侵攻

板門店共同警備区域でブリーフィングする米陸軍将校。後ろの石碑は朝鮮国連軍の国名と旗が見える。

著者提供

し、朝鮮戦争が勃発《ぼっぱつ》した。即座に、ソ連が欠席しアメリカが主導した国連安保理において北朝鮮に対する非難決議が出され、その後多国籍軍の創設が決議された。今日では絶対に考えられない、拒否権のある常任理事国が欠席した安保理決議である。これが朝鮮国連軍である。

朝鮮国連軍の指揮はアメリカ軍の司令官が執り、イギリス、フランス、トルコ、カナダなど16カ国が参加した。当時はまだ国連に加盟していなかった韓国は、指揮権を朝鮮国連軍に委ねる形で参加した。

その後、北緯38度線を越えて進撃した朝鮮国連軍と韓国軍が、一時中国との国境である鴨緑江《おうりょくこう》にまで達した。しかし、中国の大規模な介入で押し戻され、やがて38度線付近で膠《こう》着《ちゃく》状態になる。そして、1953年7月27日、38度線近くの板門店で朝鮮国連軍と北朝鮮軍、中国軍の間で休戦協定の締結に至る。

この休戦協定により3年にわたった戦闘は止まったが、「朝鮮半島からの全外国軍の撤退、朝鮮問題の平和解決」を協議する政治会議は決裂し、戦闘のない戦争状態（休戦状態）が固定化する。そして、朝鮮国連軍も解体されずに残ったままだ。

今日では観光ツアーもできる、ここJSAでは、国連旗を象徴的にデザインしたTシャツやマグカップなどの土産店もあり、国連ブランドのPRが積極的に行われている。国名は明かせないが、太平洋陸軍参謀総長会議には、国連PKOに参加した経験のある軍幹部が数人いた。この会議は3日間に及んだので、当然のこととして、同じ経験を持つ私と気安い雑談を交わす雰囲気が醸成されていた。このピクニック中の彼らとの歓談で話題になったのは、「国連の匂いがまったくしないね」だった。

国連が解消できない国連軍

朝鮮国連軍を「国連軍」と呼ぶかどうかについては、1994年にブトロス・ブトロス＝ガリ国連事務総長が当時の北朝鮮外務相に宛《あ》てた親書に、そのジレンマが表れている。

朝鮮国連軍は、安保理の権限が及ぶ下部組織として発動されたものではなく、それがアメリカ合衆国の責任の下に置かれることを条件に、単にその創設を奨励しただけのものである。よって、朝鮮国連軍の解消は、安保理を含む国連のいかなる組織の責任ではなく、すべてはアメリカ合衆国の一存で行われるべきである。（一九九六年四月一一日、国連総会「北朝鮮国連代表による国連事務総長への報告」、伊勢崎賢治訳）

国連憲章は「平和に対する脅威、平和の破壊又は侵略行為」があった場合における集団安全保障の措置として、安全保障理事会が「国連軍」を編成して軍事的措置をとることができると規定している（42条）。そして、「国連軍」の編成に当たっては、参加する国と安全保障理事会の間で特別協定を結ばなければならないとしている（43条）。

朝鮮国連軍は、この規定に基づいて編成された国連安保理が統括する正規の「国連軍」ではなく、アメリカ政府が任命する米軍司令官の統一指揮下で活動する多国籍軍である。安全保障理事会の決議によって「国連軍」の名称と国連旗を用いることを認められているが、本来の「国連軍」とは似て非なるものである。

特筆すべきは、ガリ国連事務総長の書簡にあるように、「国連が解消できない国連軍」なのである。【国連】vs【北朝鮮&中国】という構図は、今日の安保理では、そもそも議案のテーマになり得ない前世紀の遺物なのだ。東西冷戦はベルリンの壁の崩壊で終焉《しゅうえん》したが、東アジアの冷戦はまだ継続中なのだ。

停戦交渉の当事者性

朝鮮国連軍は、国連憲章第7章「平和に対する脅威、平和の破壊及び侵略行為に関する行動」に基づいて安保理が統括するＰＫＯのような「国連軍」ではなく、米軍司令官の指揮下で活動する多国籍軍だ。

なのに、なぜアメリカは国連ブランドにこだわるのか？

アメリカにとっては、北朝鮮と中国に対峙するのは自分だけではなく〝国連〟であるという印象操作が重要なのだ。このピクニックで、「共同警備区域」の責任者であるＪＳＡコマンダーの米陸軍大佐を囲んで話をしたときにも、ただ国連ブランドを「広報」するために特別に訓練されているという印象を私たちは強く受けた。とくに、〝国連〟が中国に対峙するという印象操作は、対中強硬路線を強化したい現在のバイデン政権にとって、引

共同警備区域の"国境"を跨ぐ細長い建物の入り口にある看板。 著者提供

き続き好都合なものであり続けるであろう。

そもそも「休戦」もしくは「停戦」というのは、戦闘が再開すれば真っ先に傷つく当事者が向かい合っているからこそ、停戦を「終戦」もしくは「和平」に移行させる未来に真摯《しん》なコミットが生まれるのだ。当事者以外の「部外者」は、そのプロセスを仲裁する役に徹する。これが和平プロセスの一般的な構図である。

朝鮮国連軍では、開戦になれば最も早く最も大きな被害を受ける韓国が、米軍に指揮権を委ねて兵力は提供しているが、独立した当事者としてその休戦の政治構図にいないのだ。韓国を代表するのは海の彼方《かなた》に本土のあるアメリカである。これが朝鮮国連軍の政治的土台の歪《ゆが》みの一側面である。

指揮権をめぐる葛藤

一方で韓国には、同じ開戦被害国（緩衝国家）である日本にはない歴史的な営みがある。韓国には、「戦時作戦統制権」をめぐるアメリカとの葛藤《かっとう》があり、それは今でも続いているのだ。

１９５０年の朝鮮戦争勃発の際に李承晩《イ・スンマン》元大統領が作戦指揮権を国連軍司令部に移管し

て以来、その奪回は、その後の歴代大統領の悲願であり続け、現在に至る。1994年、金泳三《キム・ヨンサム》元大統領のときに「平時」の作戦権を取り戻した。国家の存続にかかわる「戦時」の作戦権の奪回に韓国を突き動かすのは、本土が戦場となることを防ぎたい「主権国家」としての自覚である。日本はどうか？

日本における「指揮権」の問題は、戦時にはアメリカが任命する統一司令官のもとで日米共同作戦を行うことを吉田茂首相が口頭で了承した1952年の「統一指揮権密約」以来、国民に隠され続けてきた。吉田首相は、日本の国民感情と国内政治への影響を鑑み、この合意を秘密にすることをアメリカ側に求めたのだ。

防衛省の統合幕僚学校の高級課程で15年以上教壇に立つ私の講義では、必ずこれに触れるが、「国家主権」から「指揮権」を俯瞰する意識は、それまでの教育の賜物《たまもの》であろうが、受講生にはまったく希薄である。印象として、脇目も振らずアメリカと「一体化」することが「国家主権」の発露に置き換わっている。

朝鮮国連軍の維持か？　再活性化か？　それとも解消？

2023年11月、韓国のハンギョレ新聞電子版に、朝鮮国連軍についての興味深い記事が載った。

同年11月14日に、韓国・国連軍司令部加盟国の国防相会議（以下「韓・国連軍司令部会議」）が開催されたという記事である。

「韓国と米国からは国防相が出席し、残りの16カ国は主に駐韓大使が代理出席した。同会議では、朝鮮戦争以降の停戦態勢の維持に対する国連軍司令部の貢献を評価し、今後の役割と機能のさらなる強化を約束する共同声明を発表した」とある。

記事は、「国連軍司令部」（United Nations Command）は一般大衆にとっては漠然として「当たり前の存在」として認識されているとし、朝鮮国連軍を次のように捉えている。

「▽国連と何ら正式な関係のない米国の軍事組織であり、▽すでに**国連総会**で解体を決議して米国もそれに同意しており、▽国連の規定によって国連旗の使用ももはや合法的ではない、という『事実』が次第に広く知られるようになった」

一部で国連軍司令部を「幽霊司令部」と呼ぶのもそのためだという。

しかし、実態は、国連軍司令部の「再活性化」（revitalization）が進んでいるのだ。

「平沢《ピョンテク》に〝拡張開業〟した国連軍司令部が、日本に位置する7つの国連軍司令部の後方基地をさらに緊密に統合し、国連軍司令部加盟国のより積極的な参加を導き、朝鮮半島に堅固な地域統合司令部を構成する可能性は残っている」

「さらに国連軍司令部加盟国に日本が参加すれば、韓米日3カ国の類似同盟は国連軍司令部という外皮をもう一重まとった、政治軍事的に『完全かつ不可逆な』体系を整えることになるだろう」

この記事を寄せたムン・ジャンリョル元国防大学教授はこう結んでいる。

「朝鮮半島分断の固着化と軍事的緊張の高まり、そして対中対決構図の中で、韓国の軍事主権にも『不完全で回復し難い』状態が続くだろう。尹錫悦《ユン・ソクヨル》政権はこの方向が正しいと判断し、先頭に立っているものとみられる。しかし、『カエサルのものはカエサルに』返さなければならない。韓国が平和と主権レベルで軍事主権と停戦体制の管轄権をとり戻し、米国のものである国連軍司令部は名実共に在韓米軍または在日米軍と統合するか、**解体されなければならない**」

将来、すべての作戦統制権を韓国が手にしたら、直接の被害をこうむる当事者同士が向き合う、本来あるべき休戦構造に一歩近づくだろう。そして、はたして朝鮮国連軍をこれ以上存続させる実益があるのかという意識が韓国社会だけでなく日本社会でも高まるだろう。さらに「なぜ本土から1万キロも海の彼方にこんな巨大な軍事拠点を置くのか」という意識が当のアメリカの納税者にも広く認知されることになるだろう。

そして、他の参加国を含めて、もし中国とアメリカが休戦協定の「場外」に出れば、北朝鮮と韓国が直接の当事者として向かい合うことになる。そうなれば、北朝鮮にとって韓国は通常兵器だけで対処すればいい相手になるから、核兵器の保有や弾道ミサイルの開発に邁進する北朝鮮の動機は理論上軽減するはずだ。

いずれにせよ、日本人には朝鮮国連軍への意識を高め、韓国並みの「指揮権における主権意識」を持ってもらいたいものだ。

しかしその前に、日本にはもう一つ難題がある。日本だけが抱える問題だ。

朝鮮国連軍地位協定を結ぶ日本

「国連が解消できない国連軍」と「地位協定」を結ぶおめでたい国が、世界でただ一つある。日本だ。

日本政府は、朝鮮国連軍に参加する国々と「朝鮮国連軍地位協定」を締結しており、それは現在も有効だ。

朝鮮戦争の休戦後も朝鮮国連軍の枠組みが残ったことを受けて、日本政府は1954年、朝鮮国連軍の日本の法的地位について定めた地位協定を朝鮮国連軍参加国と結んだ。この地位協定（以後、「朝鮮国連軍地位協定」）に署名したのは、アメリカ、カナダ、ニュージーランド、イギリス、南アフリカ、オーストラリア、フィリピン、フランス、イタリアの9か国だった。

外務省のウェブサイトによると、横田基地内に朝鮮国連軍の「後方司令部」が置かれ、司令官ほか3人の

日本国内の７つの国連軍基地。

要員が常駐している（2018年7月時点）。この9か国の駐在武官が朝鮮国連軍連絡将校として各大使館に駐在している。

朝鮮国連軍地位協定の締約国は現在、日本も含めて12か国になり、7つの在日米軍基地（横田基地、神奈川県のキャンプ座間と横須賀基地、長崎県の佐世保基地、沖縄県の嘉手納基地、普天間基地、ホワイトビーチ）が朝鮮国連軍の基地として共同使用されている。これらの基地には、アメリカの星条旗とともにブルーの国連旗が掲げられている。

朝鮮国連軍地位協定は実動しているのか？

これが、しっかり実働しているのだ。トランプ大統領の「ツイッター開戦」の当時、それに即座に連動して、オーストラリアなどこの多国籍軍の一員である国籍の軍用機が嘉手納などの在日米軍基地に飛来した。これを最初に報道したのは、沖縄の新聞だ。そして、横田基地にも飛来するようになると、読売新聞など「本土」の新聞も騒ぎ始めた。

なぜなら、それらの飛来は、「日本政府に何の通告もなく」だったからだ。

いくらアメリカ軍用機の「自由」に慣れ切った日本社会とはいえ、アメリカ以外の国籍機である。日本人の主権意識の覚醒《かくせい》に期待したが、それはトランプ大統領が牽引した北朝鮮の脅威の「安全保障化」にかき消されていった。

朝鮮半島で戦争が勃発した場合、日本は地位協定に基づき、朝鮮国連軍の部隊の駐留を認め、さまざまな兵站《へいたん》支援を行うことになる。第3章では、中立性を失った中立国は、はたして一方の紛争当事国から交戦法規上の攻撃対象となるのか？という問いを扱った。中立性を失うだけではなく、在日米軍基地を出撃した米軍機が北朝鮮を攻撃した場合、北朝鮮には当然、それを阻止するために在日米軍基地、つまり日本の領土を攻撃する必然性が生まれ、国際人道法の「比例原則」に則《のっと》る限り、それは合法である。自衛隊が何もしていなくても、である。

「自動参戦システム」。これが、日本にとっての朝鮮国連軍地位協定である。

朝鮮国連軍地位協定と日米地位協定

これは、アメリカ陸軍太平洋参謀総長と私の会話でも確認したことだが、在韓米陸軍が動員される朝鮮半島有事でのそれは、朝鮮国連軍としての行動となる。

つまり、開戦の決定においてアメリカは国連軍として行動しなければならず、そのためにすべての参加国の協議と同意が必要となる。

日本はその協議の中に入っているか？

否。入っていない。しかし、彼らが開戦を決定すれば、この地位協定によって、日本は自動的に北朝鮮にとっての国際法上合法的な攻撃目標となる。

これは、とくに憲法9条を信奉する護憲派に言いたいのだが、「9条がなくなってしまえば、日本はアメリカの戦争に巻き込まれる」というような生易しい話ではない。

日本には、「平和」にも、「戦争」にも、主権がないのだ。

そして、この朝鮮国連軍地位協定は、日米地位協定（日米合同委員会）と密接に連動している。

朝鮮国連軍地位協定には、こうある。


国際連合の軍隊は、合同会議（日米合同委員

日本の結ぶ2つの地位協定

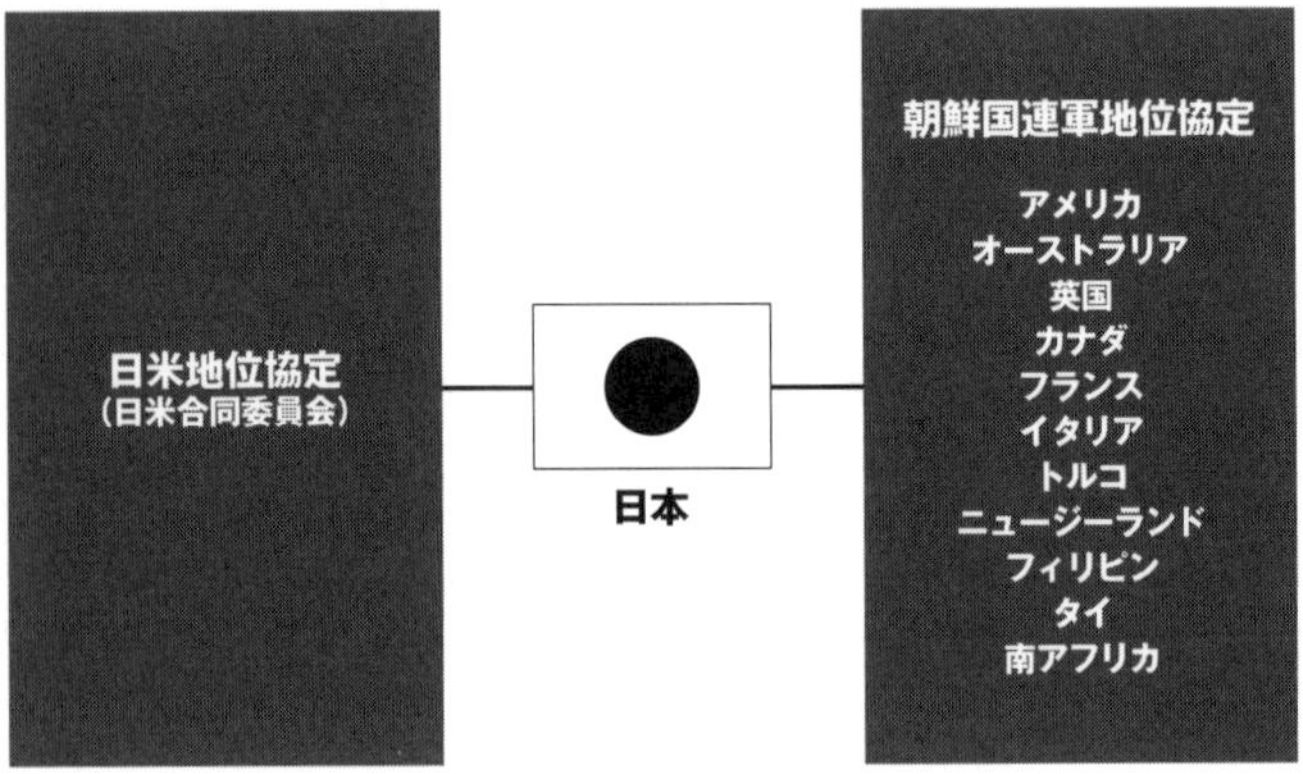

会）を通じ日本国政府の同意を得て、日本国とアメリカ合衆国との間の安全保障条約に基づいてアメリカ合衆国の使用に供せられている施設（基地）及び区域を使用することができる。（5条2項）

日本政府の「同意」を得ることになっているが、朝鮮国連軍は、その地位協定で想定されている7つの基地だけでなく、必要ならば、日米地位協定で管轄されるすべての在日米軍基地の使用が可能となっている。はたして、この「同意」とは、「拒否」できる可能性を含むものなのか？

アメリカが求める「自由出撃」の保証

1951年に日米安保条約が締結されるにあたって、アメリカが最も重視したのは、日本全土に基地を置く権利と、その基地を自由に使用できる権利の獲得であった。マッカーサー最高司令官は、占領終結後にアメリカがとるべき方針についてこう記している。

日本の全領域がアメリカの防衛作戦のための潜在的な基地と見なされなければなら

ず、無制限の自由が防衛力を行使する米軍指揮官に与えられなければならない。

(23 June 1950, MEMORANDUM ON CONCEPT GOVERNING SECURITY IN POST-WAR JAPAN,TOP SECRET)

理由の一つとして、冷戦の激化が挙げられる。1949年に中国内戦で共産党が勝利したことは、アメリカにとっての日本の戦略的な価値に大きな変化をもたらした。もう一つは、前述の朝鮮戦争の勃発である。日本全土は朝鮮国連軍の出撃と兵站の拠点と化した。

その後も、アメリカは日本に対して、「自由出撃」の保証を再三求めた。たとえば、沖縄返還の際も、朝鮮半島や台湾海峡で有事が発生した場合に、沖縄の米軍基地を制限なく使用できるように日本政府の確約を得ようとした。当時の佐藤栄作首相は1969年11月19日に米ワシントンで行われたニクソン大統領との首脳会談で、「韓国の安全は日本自身の安全にとって緊要である」「台湾地域における平和と安全の維持も日本の安全にとってきわめて重要な要素である」と述べて、朝鮮半島と台湾海峡で有事が発生した場合の米軍基地の自由使用について暗に認めたのだ。

日本国民向けには、「事前協議でイエスを言えば、沖縄の米軍だけでなく東京も攻撃を受けることになるから、事前協議に対するイエス、ノーはよほど慎重でなければならない」（1969年6月19日、衆議院内閣員会）とも発言している。

もし、日本から出撃した米軍機が外国で空爆をしたら、当然、地理的にアメリカ本土より近い日本が真っ先に反撃を受けると考えるのが、誰でも考えうる常識である。出撃を認めるかどうかは、自国が武力攻撃を受けるという国連憲章第51条上の「個別的自衛権」に関わる重大な判断であり、「自由出撃」を云々《うんぬん》すること自体が、普通の「主権国家」であれば、本来あり得ないことなのだ。

しかし、現在でも、状況は何も進歩していない。日本の政局と世論では、在日米軍の出撃において、事前協議はおろか「事前通告」をしてもらえるかどうかを、ヤキモキ議論している状態である。

第7章

「緩衝国家」日本が生き残る道

～「ボーダーランド」の非武装化をめざせ

地位協定における世界標準の「互恵性」

私は、ジャーナリストの布施祐仁氏と共に『主権なき平和国家：地位協定の国際比較からみる日本の姿』（集英社）を著し、アメリカが締結している120以上ある地位協定を国際比較し、日米間だけに存在する異常性を暴いた。前章で扱った朝鮮国連軍地位協定、そして「自由出撃」についても詳細な記述があるので、ぜひ参照されたい。

現在、米軍が駐留する他のすべての国の地位協定は「互恵性（reciprocity）」、つまり外交官の持つ外交特権のように、相互に同じ特権を認め合う考え方に移行している。この考え方のはじまりは、1949年に調印されたNATO条約に基づくNATO地位協定である。

NATO地位協定は、加盟国が法的に対等な関係を持つことをベースにつくられている。実際には、アメリカ軍の駐留が圧倒的に多く、地位協定の特権を享受する人員の総数では、アメリカ軍、その兵士・軍属が抜きん出ている。しかし、法的には、たとえばドイツ軍やイタリア軍などがアメリカ本土に駐留した場合、ドイツやイタリアに駐留するアメリカ軍と同じ特権が認められる。ドイツ軍の車両がアメリカにおいて公務中に人身事故を起こした場合、その裁判権をアメリカが放棄するという具合に。

そうすることで、NATOのすべての加盟国が「平等」であることを一つの多国間体制としているのだ。

互恵性の導入によって、自動的に、アメリカ軍がわが物顔に振る舞ってきた受け入れ国の領土・領海・領域の管理権は、環境権と共に受け入れ国の「主権」に戻される。つまり、アメリカ軍がやることは、すべて受け入れ国の「許可制」になる。なぜなら、当のアメリカが自国領内で、駐留する外国軍がわが物顔に振る舞うことを許すわけがないからだ。「法的対等性」とは、「アメリカが同盟国に許さないことは、同盟国もアメリカに許さない」ことである。

つまり、「自由なき駐留」がアメリカとその同盟国にとっての世界標準なのだ。

旧敵国、2国間にも認められる「互恵性」

特筆すべきは、冷戦終結後の1995年につくられたNATO加盟国と旧ソ連構成国との間の「PfP（平和のためのパートナーシップ）地位協定」も、この「互恵性」が原則となっている点だ。NATOは、冷戦時代の「旧敵国」にも、新たな共通の目的のために持続的な関係を構築、維持しようと「平等」に気を配っている。

なお、このPfPには、ウクライナも参加している。

そして、アメリカは、NATO地位協定のような多国間協定だけでなく、2国間協定でも「互恵性」を認めている。

たとえば、フィリピンとの間には、フィリピン国内のアメリカ軍の法的地位を定めた訪問軍協定（VFA）とともに、アメリカを訓練などの目的で訪れたフィリピン軍の法的地位を定めた訪問軍協定（VFA2）も締結している。

二つのVFAは、出入国手続きや関税などの特権については対等になっている。フィリピン兵のアメリカにおける刑事裁判権については、基本的にはアメリカ側の刑事裁判権に服することになっているが、フィリピン側が要請した場合、アメリカ政府は発生した事件を管轄する連邦政府または各州の司法当局に対して「裁判権の放棄」を要請するという規定になっている。

アメリカの戦争の戦場になっている国でもありえない「自由出撃」

「互恵性」を基調とする国家間関係では、アメリカ軍のすべての行動は、受け入れ国の

「許可制」であり、「自由出撃」は、そもそも概念として存在し得ない。アメリカの同盟国であり、そして日本よりはるかに駐留アメリカ軍に国家存続を依存している紛争当事国であっても、自国からのアメリカ軍の出撃を拒否することは、現在の国際関係では至極《しごく》当然のことである。

たとえば、2003年に米英軍がイラクを攻撃したとき、イラクと国境を接するトルコは国内の米軍基地の作戦への使用を拒否した。

トルコはNATOの加盟国であり、南部にあるインジルリク空軍基地はトルコ空軍とアメリカ軍が共同使用している。アメリカはイラクを攻撃する際、同盟国であるトルコからイラク北部に攻め込む計画を立て、半年間の期限つきで最大で兵員6万2000人と255機の戦闘機、65機のヘリコプターのトルコへの展開を要請した。

トルコ政府は多額の財政支援と引き換えに了承したが、野党は「戦争に巻き込まれ、トルコ国民が苦しむことになる」と強く反対。国民の9割以上がイラク攻撃に反対する世論を背景に与党内でも慎重論が広がり、議会は政府の提案を否決する。アメリカ軍は計画の変更を余儀なくされた。

このように、たとえ米軍駐留を受け入れていても自由には使わせない。とくに米軍が基地を国外での戦闘作戦行動に使う場合は、その可否を受入国側で主体的に判断するというのが世界標準である。アメリカ軍の行動が、ひるがえって国民の安全にどういう影響を及ぼすかを考えるのは、主権国家として当たり前のことだからだ。

アメリカ軍の国外での軍事作戦に国内の基地を用いることを、明確に禁止した地位協定もある。2008年にイラクがアメリカと結んだ地位協定だ。

これには、イラク側の強い要求で、「他国を攻撃するためのルートもしくは出撃地点として、イラクの領土、海域及び空域を使用することは許されない」という条項が盛り込まれた。占領が終結してまだ数年しか経っていない当時に、イラクはここまでアメリカ軍の行動を制限し、条文化することに成功したのだ。

なぜアメリカは「互恵性」を世界標準にしているのか

「互恵性」は、日米地位協定には未だ採用されていない。

陸上自衛隊は毎年、アメリカ陸軍や海兵隊とアメリカ本土で日米共同訓練を実施している。自衛隊員はどういう外交ステータスでアメリカに滞在するのか。

普通の「公用パスポート」である。これは、JICA（国際協力機構）が民間の専門家を途上国に派遣するときに発給されるものと同じで、「外交パスポート」ではない。外交特権など法的な特権は一切ない。もちろん、日米地位協定でアメリカ兵らに与えられている刑事免責特権もない。

2015年1月にアメリカ国務省の国際安全保障諮問委員会が公表した「地位協定に関する報告書」では、「互恵性の無さは、国家のプライドと主権の問題を惹起《じゃっき》する」と指摘した上で、「互恵性の条項は、受入国の主権侵害への懸念を和らげ、不平等な協定だという国内の批判に反論しやすくなる」と、その効果を強調している。

つまり、「互恵性」はアメリカにとって不利なものではなく、突発的な事故によって起きる社会の反米感情を緩和し、外交関係の決裂を予防し駐留を安定化させるために、むしろ有益であると、当のアメリカ自身が考えているのだ。

私は、太平洋陸軍参謀総長会議のような場で、アメリカ軍幹部と「一般論」としての占領統治と地位協定について話す機会に恵まれている。その中で「先行事例」としての日米間に話を向けると、皆一様に目が泳ぐ。アメリカ軍幹部も、おかしいと思っているのだ。

日本は互恵性のない地位協定を受け入れているが、「国家のプライドと主権の問題を惹起」しているようには見えない。それどころか、この「互恵性」の問題が議論の的になったことすらない。日米安保に批判的であるはずのリベラル勢力も、日米安保・基地反対は言うが「法的対等性」を言わない。

おかしいのは、アメリカではなく、日本人なのだ。

「全土基地方式」

2016年の12月、故安倍晋三首相の地元である山口県長門市で「日露首脳会談」が行われた。北方領土（歯舞《はぼまい》群島、色丹《しこたん》島、国後《くなしり》島、択捉《えとろふ》島）問題の解決に向けて何らかの進展があるのではと期待された首脳会談である。

北方領土問題をめぐっては、日本がソ連と国交を正常化した1956年の日ソ共同宣言で、平和条約締結後に歯舞群島と色丹島を日本に引き渡すことが明記された。平和条約締結に向けた交渉は、この首脳会談を経た後も膠着したままであり、現在はウクライナ戦争下で、その望みすら消滅している。

首脳会談当時のプーチン大統領は、インタビューでこう述べている。

日本が（米国との）同盟で負う義務の枠内で露日の合意がどのくらい実現できるの

か、我々は見極めなければならない。日本はどの程度、独自に物事を決められるのか。我々は何を期待できるのか。最終的にどのような結果にたどり着けるのか。それはとても難しい問題だ。（「読売新聞」２０１６年12月14日）

プーチン大統領が疑義を呈した「同盟で負う義務」とは、通称「全土基地方式」を指している。

日米安保条約は第6条、そして日米地位協定第2条で、アメリカが日本国内に米軍基地を置く「権利」を包括的に認めている。後者は「個個の施設及び区域に関する協定は第25条に定める合同委員会を通じて両政府が締結しなければならない」とあるので、アメリカ側に自由はないという議論もあるが、裏を返せば、合同委員会の決定があればどこでも基地が新設できるということである。

合同委員会の議事録や合意文書は「非公開が原則」とされ、決定事項に国会承認を経ることはない。そして、そのメンバーで両国を代表するのは、日本側が外務省北米局長、アメリカ側は在日米軍司令部副司令官。この委員会はブラックボックスであるのに加えて、アメリカ側が主張する軍事的ニーズが議事を支配できる構成である。

そもそも、アメリカの地位協定の「世界標準」では、日米合同委員会にあたるものでアメリカを代表するのは「次席大使」である。占領期ならともかく、平時における地位協定で、当のアメリカがアメリカの民主主義を軍人に代表させることは、他の同盟諸国との関係ではありえない。これが、日本だけに存在する「全土基地方式」である。

ウラジオストクの海軍基地はロシアの太平洋艦隊の拠点である。プーチン大統領は、日本に北方領土を返還した場合、その目と鼻の先にアメリカ軍基地がつくられる可能性があるのならば、それはロシアにとって安全保障上受け入れがたいと暗に言っているのだ。

繰り返すが「互恵性」を基調とするNATO諸国では、基地提供は個別の協定（契約）に基づいて行われるものであって、基地を置くのは「権利」ではない。アメリカがアメリカ本土において同盟国に基地をつくる「権利」など認めるわけがないので、NATO地位協定にそんなものが入る余地はない。あるのは「互恵的な許可」である。

2国間、たとえば、かつてのアフガニスタンとの地位協定でも、基地をつくる「権利」など存在しない。同地位協定では、アフガニスタンの「主権」に対する全面的な敬意がうたわれており、基地や訓練区域の提供は、その「主権」をベースに合意されるべきものとしている。アメリカ軍への依存が、日本よりずっと逼迫《ひっぱく》している「戦時」のアフガニスタンでも、そんな「権利」はアメリカ自身が求めない。

第2章で展開したように、私は、ウクライナ戦争において国連憲章51条を侵略のために悪用したプーチン大統領を非難する。しかし、日米関係に対する彼の疑義は至極正当なものである。

ロシアとの領土問題を解決したNATO加盟国ノルウェー

領土問題を外交的に解決した歴史的な事例をみても、お互いの警戒を解く上で、そこに相手国の脅威となる軍隊を置かないという約束は決定的に重要である。

NATOの創立メンバーで、アメリカにとって戦略的に最重要同盟国である北欧のノルウェーの例が示唆的だ。

ノルウェーは、バルト3国が2004年にNATOに加盟するまでソ連・ロシアと国境を接する唯一のNATO加盟国だった。両国の間には北極圏の「バレンツ海」があり、お互いが主張する領海にズレがあって40年近くずっと係争中だった。冷戦時代からソ連の弾道ミサイル潜水艦配備の要所であるばかりでなく、原油や天然ガス、そして漁業資源が豊富な海域だ。

ここで2010年、17万5000平方キロメートルにも及ぶ係争海域をほぼ二等分することで合意に達したのだ。そして、環境や乱獲、違法操業に配慮しながら双方がそれぞれの漁業を監視・管理することや、地下埋蔵資源が境界を跨《また》ぐ場合は、双方の合意に基づきながら共同で開発してゆくことが確認された。

ノルウェーは長年、与野党のコンセンサスとして、自国領内に外国軍隊を駐留させなかった。これは、あたかも国家の「原則」のごとく、ノルウェー自身がロシアを含め周辺国に広く周知させてきたことだ。1959年には、ノルウェー国会が核兵器の持ち込みを全面的に禁止することを宣言し、冷戦下の核競争に加わらないと正式に表明した。

1980年代になると、ノルウェーは、米海兵隊が使用する武器を保管せよという強い要請を受け始める。もしノルウェーがロシアに攻撃され、NATO憲章第5条が発動されたときに必要になるという理屈だが、これも拒否する。

その後、ノルウェー世論を二分する論争の後、ロシア国境からほど遠いトロンデラーグというノルウェー中部地域にアメリカ海兵隊の武器を保管する合意を余儀なくされる。しかし、冷戦中を通してノルウェーは、NATO軍による陸海空域の通過を厳しく統制してきた。もちろん、核を搭載した艦船の寄港を許すことはなかった。

これらは、ノルウェーがNATOの一員でありながら東西両陣営の狭間《はざま》にある「緩衝国家」としてのアイデンティティーを確立してきた歴史である。そして、それを内外に誇示することで、NATO加盟国というより一つの主権国家として、ノルウェー自身の国防の要《かなめ》としてきた試行錯誤でもある。

このアイデンティティーがなかったら、バレンツ海の係争解決においてロシアは、同意するどころか、2国間の交渉にすら応じなかったであろう。

領土(領海)問題の解決は、当事者間の交渉であるはずだ。しかし、日本は、アメリカなしでは、それができない。相手は日本ではなくアメリカをみているのだ。

主権国家が、主権国家として、その主権の判断で交渉に臨む。この当たり前すぎる前提が、同じ主権国家である相手側に共有されていないと、相手側が真摯に交渉に向き合うはずがない。

日米安保条約と日米地位協定の「全土基地方式」がある限り、ロシアの側からみたら、日本は領土問題の交渉がまともにできる「主権国家」ではない。プーチン大統領の「日本はどの程度、独自に物事を決められるのか」という失礼な発言は、紛れもない日本の姿なのだ。

緩衝国家ノルウェーの葛藤

現在、このアイデンティティーは変化してきている。クリミア半島へのロシアの軍事侵攻以来、ロシアと国境を接する北欧諸国がＮＡＴＯへの結束を高め始めたからだ。２０１７年には、ノルウェーでは戦後初めて、小規模ながら３００人ほどのアメリカの海兵隊の駐留が始まった。２０１８年末までの期限つきで、場所はロシア国境から程遠い前記のトロンデラーグだ。しかし、その後、その数は倍増し、期限も5年延長され、そしてロシア国境に少し近づいたトロムス県に駐留するようになった。「常駐」ではないと国民に説明しているが。

２０２１年4月16日には、アメリカと補足協定に署名した。文面には、ＮＡＴＯ軍の国内常駐、そして核兵器の持ち込み・配備・寄港を禁止する従来の原則に変更はない旨が明記されているが、アメリカ軍がノルウェー軍と合同で使用できる空軍拠点３か所、海軍拠点1か所が新たに建設されることになった。建設費用その他はアメリカ国防省の予算で賄われ、将来はすべての施設がノルウェーの所有物になる。

２０２１年5月10日、アメリカ軍の原子力潜水艦がノルウェー北部のトロムソ市のグロッツンド港に初めて寄港した。トロムソ市議会はこの是非をめぐって割れた。ここは民間港だから、近くにトロムソ大学や大学病院などの公共施設がある。原子力潜水艦の原子力事故を想定した十分な措置と準備をする暇もないなかでの寄港だった。さらに、核兵器搭載の有無が定かではなく、搭載していれば明らかに「原則」に反する。

以上、一連のノルウェーの「原則」における新しい展開は、ノルウェーの国内世論を二分し、ロシアを刺激している。今後も予断を許さないが、ノルウェーがロシアに対峙してきた歴史は、同じ「緩衝国家」としての日本にとって示唆に富む。

2014年のクリミア併合以降、ロシア脅威論が急増し、ロシアに接する北側と首都オスロがある南側とでは、政治的温度差が広がった。北部には国境を跨《また》いでロシアとの交流の歴史があるからだ。国境の町キルケネス市には、1944年にドイツの支配からノルウェーを解放した赤軍の勇敢さを讃《たた》える兵士の銅像が建っている。

ノルウェーは練度の高い強固な国軍を持っているが、ロシアを刺激しないため北部では軍事演習を控えることすらやっていたのだ。

これらの措置は、ロシアの脅威に屈する負け犬の姿勢ではない。自由と民主主義、そして人権、ある意味、〝反ロシア的〟な価値観を世界に向けて代表してきた国がノルウェーなのだ。首都オスロは、国際の秩序と安全のために様々な交渉の場になった平和外交のシンボルだ。こういう平和・人権外交を、国の外交資産としてきた。それは自分自身がロシアを刺激しない平和な国だったからこそできたことである。

ウクライナ戦争を契機に、ロシアを脅威に据える「安全保障化」はさらに猛威を振るっているが、こういう国家の資産をすべて根こそぎ消失させてしまうとは、私は思わない。

だからこそ日本は、「かつてのノルウェー」に学ぶべきだと思うのだ。今のノルウェーのためにも。

これを執筆する現在も、この銅像の撤去の話は伝わっていない。

国境の町キルケネス市に立つ赤軍兵士の像。

「ボーダーランド」の非武装化・外交的軍縮という国防のオプション

キルケネスを北端とするノルウェー北部では、とくに年配者世代にとってロシア（ソ連）は「解放者」という記憶が根付いている。キルケネス市は、国境を挟んで向かい合うロシアのニケル市との友好関係を歴史的に築いてきた。このような地域を「ボーダーランド」（辺境地）という。

日本にとっては、まさに沖縄が対中国の「ボーダーランド」、そして北海道は対ロシアの「ボーダーランド」だ。「ボーダーランド」を武装化して、敵国に対して槍《やり》を向けることがはたして国防にとって有意義か否か。ノルウェーの「原則」と「安全保障化」の葛藤の歴史から学ぶべきだ。

こういうことを言うと「お花畑」「平和ボケ」といわれるが、そうではない。国防のためにこそ、日本が緩衝国家であるという事実をちゃんと認め、われわれが生き延びるために「ボーダーランド」を非武装化すること、またはそれを外交的に謳い上げることによって段階的に軍縮するというオプション、これを国防の選択の一つとして考え、「安全保障化」の暴走と「安全保障のジレンマ」を回避するべきだと言っているのだ。

繰り返すが、これは敵国に屈することではない。ノルウェーは平和と人権を重んじる国であり、ロシアで人権侵害が起きれば真っ先に糾弾する国だ。以下、日本に提言する。

前述のマグニツキー法の日本版である「人権侵害制裁法」（123ページ参照）を一刻も早く実現し、世界で起きる人権侵害に対して人権の普遍的管轄権に基づき行動する「人権大国」になる。しかし、軍事的な挑発や恣意《しい》行為は国是として慎む。

大国同士の戦争が始まったら、真っ先に戦場になる「緩衝国家」だからこそ。

ウクライナ戦争、【ガザ・ジェノサイド】に対峙する今だからこそ。

おわりに

この写真を見てもらいたい。

戦争では夥《おびただ》しい数の人の命が失われる。戦争体験はファミリー・ヒストリーとして次世代に受け継がれる。おそらく個人の戦争に対する考え方はそこに左右されるだろう。

私は、国連や日本政府代表として現代の戦争をいろいろ見てきたが、ファミリー・ヒストリーとしての第二次世界大戦の体験がある。

場所はマリアナ諸島サイパン。伊勢崎家はサイパン玉砕で、私の母と祖母、その弟（叔父）など数人をのぞいて全滅した。もともと

サイパン島にて。前列の３人の女学生で左端が私の母茂子。女学生だった1937年頃のものと思われる。
著者提供

伊勢崎家は小笠原が本籍地だが、国の南方政策に従って一族郎党全員でサイパンに入植した。そこで戦争が勃発《ぼっぱつ》し、末期にアメリカ軍が上陸した。

追い詰められた住民や日本兵に向かって米軍がスピーカーで「投降せよ」と呼びかけるなか、それを無視するかのように住民たちは断崖絶壁から身を投げた。私の一族もだ。いわゆる「バンザイ・クリフ」といわれる場所だ。

私が小学生のときに祖母から聞いた話では、当時「米兵に捕まれば女性はレイプされ、殺される」「男は拷問され、殺される」「どうせそんな辱めを受けるくらいなら天皇陛下のために死ね」と語り合われ、その同調圧力のなかでみんな崖から身を投げたという。日本兵には投降して捕虜になった人もたくさんいるし、私の一族でも祖母を含めて数人が捕虜になったが、とくに女性、子どもは収容所で手厚く扱われたという。これはあくまで私が家族から聞いた言説なので一概にはいえない。いずれにせよ、「悪魔化」の犠牲になるのは常に一般市民だ。

同調圧力と「死の忖度《そんたく》」――戦争にはこれがつきものだ。民主主義国家がやる戦争であろうと、独裁主義国家がやる戦争であろうと必ず起きる。一方的な情報を信じ込まされ、みずから死を選ぶところまで行ってしまう。戦争に市民を動員するために必要なのが「悪魔化」だ。当時は鬼畜米英だったが、今はロシアと中国か。

「戦争プロパガンダ10の法則」というのがある。第一次世界大戦のときに英国議員だったアーサー・ポンソンビー卿《きょう》が『戦争の嘘』という本のなかで、戦時に政府・指導者たちが流す嘘を次のように法則化した。これはその後のすべての戦争に当てはまる。

①われわれは戦争をしたくはない
②しかし敵側が一方的に戦争を望んだ
③敵の指導者は悪魔のような人間だ
④われわれは領土や覇権のためにではなく、偉大な使命のために戦う
⑤われわれも意図せざる犠牲を出すことがある。だが敵はわざと残虐行為におよんでいる
⑥敵は卑劣な兵器や戦略を用いている
⑦われわれの受けた被害は小さく、敵に与えた被害は甚大
⑧芸術家や知識人も正義の戦いを支持している

⑨われわれの大義は神聖なものである
⑩この正義に疑問を投げかける者は裏切り者である

現在にあっても、これらが見事に繰り返されている。「今度あらわれた悪魔はこれまでと違う」と。人間はこれを繰り返す。この「悪魔化」の結果、戦争は繰り返され、破滅的な結果を招く。しかし、誰も反省はしない。

だって、やっぱり悪いのは悪魔なのだから……と。

*

2022年9月30日、日弁連の人権擁護大会が北海道旭川市で行われた。

そこでアイヌ民族権利保障プロジェクトチームが提案した「アイヌ民族の権利の保障を求める決議案」の採決では、日本の安全保障上の観点から、日弁連の国際交流委員会から総意として委員長名で反対意見が出され、私は驚いた。以下が、その反対意見だ。

アイヌを含めた少数民族の権利保護は、非常に重要なテーマであることは、当委員会としても理解しております。

しかしながら、当委員会としては、本案に対して、以下の理由により反対せざるを得ません。

本案は、固有の漁労・狩猟の権利等、主権国家の権利・権益に関わるような権利保護のあり方が提唱されており、政治的・外交的には非常にセンシティブな問題であって、この時期に、日弁連会長の名で宣言・声明を出すことは、将来にわたりロシアの領土的侵攻(北海道、北方四島)の口実として利用されるおそれがございます。

ロシアの領土主張や領土的侵攻が、当地の少数民族やロシア系住民の保護を口実として実行されてきたという、過去の歴史的事実を看過することはできません。

これまで、アフガニスタン、チェチェン、南オセチア(ジョージア)、シリア、クリミア(ウクライナ)、ドンバス(ウクライナ)等は、すべてロシアが、当地の少数民族やロシア系住民の保護を口実として、領土的侵攻を行ってきたものです。

現下の国際情勢に鑑みれば、日本の安全保障上、このような声明がロシアによる領土的侵攻等の政治的口実として悪用されることが強く懸念されます。

以上により、当委員会（国際交流委員会）としては、本案に反対いたします。

これは、主戦論者・愛国団体の発言ではない。会則に「本会は、基本的人権を擁護し、社会正義を実現する源泉である」と明記する日弁連の中の一委員会、それも国際交流のための委員会の見解だ。恥ずかしくて言葉も出てこない。

ＮＡＴＯの創立メンバーであり、アメリカの最重要同盟国であるノルウェー。その「ボーダーランド」は、先住民族（サーミ族）の居住地でもある。彼らは、ノルウェー国内では、日本のアイヌとは比べ物にならないくらい高度な政治的自治が保障されている。そして、北極圏における経済権益の唯一の国際調整機関である「北極評議会」では、ロシアやアメリカなど大国と肩を並べて代表権まで与えられている。ウクライナ戦争の勃発以来、これらの制度に変化があったとは聞いていない。

「敵国（ロシア・中国）に付け入る隙を与えるから少数民族の権利を制限する」のではなく、なぜ「少数民族の不満が敵国に利用されないように、（どんな人の権利でも大事にされることを普通とするなら）、それ以上に少数民族の権利を大事にする」という発想になれないのか。

「戦争に備えよ！」と、国民が戦争と、それへの動員を受け入れる土壌と文化をつくるには、かならず仮想敵国を標的にする「絶対悪魔化」が、戦争に至る前の〝平時〟において必要となる。これが、ウクライナ戦争を機に、平時であるはずの今の日本で起きていることだ。

こういう文化が世論を支配し始めると、敵と話すなんて腰抜けだ！　という世論が醸成され、勇ましいことを言う政治家への求心力が高まるとともに、国家が仮想敵国と対話で戦争を予防しようとする政治動機への支持が消滅してゆく。

特記しなければならないのは、こういう状況では、単に愛国主義勢力が大手を振るうだけではなく、その真逆に位置するはずの反戦勢力が、「平和を自衛する」ために、「絶対悪魔化」に加担し、翼賛体制をつくるということだ。こうなると、国家は戦争へのブレーキを完全に喪失する。「新しい戦前」とは、こういうことだ。

＊

1999年7月、アフリカ、シエラレオネで、その後の国際司法の議論に多大な影響を及ぼす停戦劇があった。悪名高き〝テロリスト〟集団「RUF：革命統一戦線」、シエラレオネ政府、そして周辺国を巻き込んだ10年に及ぶ内戦に終止符を打った合意で、「移行期正義」（第3章）のモデルになったケースだ。これを「ロメ合意」という。

5万人以上の一般市民、妊婦や子ども、そして乳幼児への虐殺を繰り返し、それだけでは足りず敢《あ》えて手足を切って生かすことまでやった「絶対悪魔」とその戦争犯罪を、なんと「完全恩赦」して、そのトップを副大統領に据える「連立政権」をつくった合意だ。

この合意を基に、国連PKOとして武装解除を進めた責任者が私だ。このとき、戦争犯罪者たちに政治的恩恵まで与えて作業を進める現場の私たちが、ジュネーブのもう一つの国連（欧州本部）を含む、いわゆる「人権正義派」から「不処罰の文化」の誹《そし》りを、時には口汚い言葉で浴びたのはいつもの通りだ。

武装・動員解除の完了後、RUFだけでなく政府側が犯した戦争犯罪をも審議する戦犯法廷が立ち上がり、11年をかけて2023年に閉廷した。そもそも、この悪魔との停戦合意を調停したのは誰だったか？

国連ではない。シエラレオネ人のディアスポラたちの強いロビーグループが国内にあるアメリカだ。それも民主党のビル・クリントン政権のときだ。

私は、アフガン戦争の停戦のロビー活動の中で、NATOそしてアメリカ政府の代表たちとの協議でこのケースをよく引き合いに出した。「タリバン・アルカイダの所業を上回る戦争犯罪を犯した絶対悪魔を、シエラレオネ人に許させ、対話と交渉によって平和を導いた。それもアメリカの主導で。アフガニスタンでできないわけがない。アメリカの勇気ある思慮と決断次第だが。さもないと、この対テロ戦争は永遠に続く」と。

今日本がやるべきことは、「イスラエルは非人道的な攻撃をやめよ」を訴えることはもちろんだが、そのために必要なことは、「ハマスを政体として認め交渉せよ」だ。

かつて、アラファトPLO議長が西側先進諸国からテロリスト扱いされていた時期に、彼を日本に招聘《しょうへい》したように。

また、故緒方貞子氏（日本人初の国連難民高等弁務官）の功績であるが、JICAを通じて、フィリピンにおいて同じくテロリスト扱いされていたモロ・イスラム解放戦線との和平工作を推し進めたように。日本にはそのような外交実績がある。

今となっては息絶えて久しいが、それでも日本には、それを復活させる能力は残っている。

著者

伊勢崎賢治（いせざき・けんじ）

1957年、東京都生まれ。2023年3月まで東京外国語大学教授、同大学院教授（紛争予防と平和構築講座）。インド留学中、現地スラム街の居住権をめぐる住民運動にかかわる。国際NGO職員として、内戦初期のシエラレオネを皮切りにアフリカ3カ国で10年間、開発援助に従事。2000年から国連職員として、インドネシアからの独立運動が起きていた東ティモールに赴き、国連PKO暫定行政府の県知事を務める。2001年からシエラレオネで国連派遣団の武装解除部長を担い、内戦終結に貢献。2003年からは日本政府特別代表としてアフガニスタンの武装解除を担当。ジャズミュージシャン・トランペット奏者としても知られる。主な著書に『武装解除－紛争屋が見た世界』（講談社現代新書）、『さよなら紛争（14歳の世渡り術）』（河出書房新社）、『世界の人びとに聞いた100通りの平和』シリーズ（かもがわ出版）、『本当の戦争の話をしよう～世界の「対立」を仕切る』（朝日出版社）、『主権なき平和国家 地位協定の国際比較からみる日本の姿』（集英社）、『テロリストは日本の「何」を見ているのか 無限テロリズムと日本人』（幻冬舎新書）、『新国防論』（毎日新聞出版）などがある。

写真提供：ZUMAPRESS.com/amanaimages
Alamy 写真素材 /amanaimages
Sipa USA/ アマナイメージズ
UPI/ アマナイメージズ
AP/ アフロ
Universal Images Group/ アフロ
ロイター / アフロ

14歳からの非戦入門

2024年 6月 1日 第1版発行

著 者 伊勢崎 賢治
発行人 唐津 隆
発行所 株式会社ビジネス社
〒162-0805 東京都新宿区矢来町114番地 神楽坂高橋ビル5階
電 話 03(5227)1602（代表）
FAX 03(5227)1603
https://www.business-sha.co.jp

印刷・製本 株式会社光邦
カバーデザイン 大谷昌稔
本文デザイン・DTP 茂呂田剛（エムアンドケイ）
営業担当 山口健志
編集担当 前田和男、斎藤明（同文社）

ISBN978-4-8284-2595-5